ポケット版 斎藤一人

Saito Hitori

あなたが変わる315の言葉

最幸

315 Miracle Words

斎藤一人

KKロングセラーズ

はじめに

人は幸せになるために生まれてきたのに、幸せじゃない人がたくさんいます。

それは、心というものの本当の働きを知らないからかもしれません。

心というものは、ころころ変わるから〝心〟という他に、もう一つの意味があります。

それは〝こころ〟ということです。

簡単にいうと、人間の心はちょっとしたことで、だんだん、だんだん心が狭くなり、〝こり固まってしまう〟ということです。

この心の〝こり〟を取るには、二つの方法があります。

一つは、あなたを傷つけた人を許す。

すぐ傷ついてしまった自分を許す。

人を許せない自分を許す。

〝許す〟ということは、こちんこちんになって狭くなった心を「ゆるます」ということです。

それと、二つ目は、人と話をする。

話すということは、いやなことやこり固まった心を〝ときはなす〟ということです。仲の良いお友達との会話は、心がときはなされて本当に幸せになるものです。

人と話をする時は、正しいか間違っているかを判断するのではなく、相手の心がときはなされて、明るく広くなるような話をするように、心がけたいものです。

正しいか正しくないかを決めるのは裁判官の仕事で、私達の仕事ではありません。

私達は会話を通して、人の心が明るくなり、広々とすることを望んでいます。

この本が、みなさまの心のコリを少しでも取ることに、お役に立てれば幸いだと思っております。

でも、心はまたすぐコリますすよ。

なぜなら、それが心の性質だからです。そうしたら、またこの本を読むなり、楽しい仲間と話をしたりして、楽しい時間を過ごすようにして下さい。

決して、一人で考え込んではダメですよ。

もし、考え込んでしまうような性質なら、そういう自分を許してあげて下さいね。

あなたにすべての良きことがなだれのごとく起きます

斎藤一人

目次

第二章　つきを呼ぶ言葉

第三章　愛の言葉

第1章

315 Miracle Words

しあわせの言葉

1

明日よいこと
があると思って
ごらん今幸せ
になるよ
ひとり

「人生、ラクでしあわせ」
これが私たちのテーマ

2
「このままでいいんだよ」っていってごらん。そのほうが相手もラクだから

わかんないことがわかったから、しあわせじゃない？
わかんないままで、どうしてしあわせになれるかなの。
「自分はこのままで最高です」って、いうのが自分の努力。
で、人に対しては、
「あんた、そのままで行きなよ。そのままのあんたが、すばらしいんだよ」
って、いえることが努力かな？
努力とか根性じゃなく、
「このままでいいんだよ」って、いってごらん。
そのほうが相手もラクだから。

3
「人生、ラクでしあわせ」これが私たちのテーマ

私がいうラクがピンとこないなら、
ラク（楽）を〝楽しい〟に変えていいよ。

ラクを極めていくと、
最終的には〝楽しい〟になるから。だから、

「このままでいいんだよ」

って、いってごらん。

「人生、ラクでしあわせ」

これが私たちのテーマ。

4

ラクに生きてる人って、感謝が多い。イヤなことにも感謝する。もちろん、よかったことも感謝する

何をやってもトントンうまくいく人と、
反対に何をやってもガタガタしてうまくいかない人の違いはたった一点
「感謝」なんです。
ラクに生きている人って、感謝が多い。
でも、「いいことがあったら感謝する」では普通。
だって、「いいこと」なんてめったにないから、
感謝が少なくなっちゃうよね。
それよりも、イヤなことにも感謝する。
もちろん、よかったことにも感謝するんです。

5 自分を魅力的な人間に作り変えるんだよ

「私は胴が長いから、
座っていると立派に見えるんです」
とかって、人の心がパ～ッと晴れるような、
肯定的なことをいう。
自分を魅力的な人間に作り変えるんだよ。
肯定的な発言をして、
いつも笑顔でいる。
自分が生きていることを
ありがたいと思うんだよ。

6

それぞれ個性を持っているけれど、
人の個性に
いいとか、
悪いはない。
人と違っているだけだから、
個性を出していく。
それで勝負できるのが、
二十一世紀。

7
学校向きじゃない子は、社会向き。社会向きの子は早く社会に出るほうがいい

子どもが不登校に悩む家庭が多いけど、そんなとき子どもに対して親がしてあげることがあります。

「信じてあげること」「働くことは、楽しいことなんだと教えてあげること」「自分で考える材料を与えてあげること」だから、何も心配しなくていいんだよ。

学校向きじゃない子は、社会向きなの。社会では働いたら働いただけお金が稼げる。社会に出て勉強すると、学校とは違ってお金になるんだ。

勉強すればするほど、お金を稼げる。社会向きの子は、早く社会に出るほうがいい。

いっぱい働いて、いっぱいお金を稼いで、自分の好きなようにお金を遣えるようになったら楽しいよ。大人になるのは、楽しいことなんだ。

8 自分らしい仕事の仕方、生き方をすれば成功者になれる

人には誰にでも個性というものがあります。
顔も違えば、考え方や生き方もそれぞれ違う。
それが自然だし、みんな、ひとりひとり違っているところが
人間の〝いいとこ〟です。
みなさんも、私と違ってOK。
人は、他人になれないから。
あなたは、自分らしい仕事の仕方、自分らしい生き方をしていけば、
それで成功者になれるはずです。
私は、そう思っています。

9 相手の欠点を責めなければいい

人には誰でも、絶対に、弱いところと強いところがある。
ところが、人の欠点を責めはじめると、
自分の弱いところを隠そうとする。
自分が人の弱点を責める性格だから、
「自分も誰かに責められるんじゃないか」と心配になるんです。
相手の欠点を責めなければいい。
お互いが弱い部分を欠点と見るのではなくて、
「自分があの人の役に立てる部分はここなんだ」
というとらえ方をしていけばいい。

10

私のように立派じゃない人間が、
偉そうなことをいうと、
偉い人間にならなくてはいけないか、
偉い人間ではないことがバレるかの、
どちらかなんです。
どっちをとっても、苦しいんですよ。
だから、どんなときでも、
普通にしているのが一番いい。
自分らしくいるのが、一番ラクなんです。

11
あなたのできないことは、代わりに私がやってあげる

私はいつも周りの人たちにいっています。
「あなたにできないことがあっても、いいんだよ。
あなたのできないことは、代わりに私がやってあげるからね」と。
道路に穴が開いていても、
その穴を埋めてあげたら平らになりますよね。
それと同じで、相手の弱いところを補ってあげる。
そうすると、できない部分が
普通のレベルになるんです。

12

できないことはできない、ということが正しいんですよ。だから、自分ができないことはやらない

どんなに時代が進んでも、できないことはできない、
ということが正しいんですよ。
だから、自分ができないことはやらない。
それが得意な人がやればいいんです。
人間っていうのは、どんな時代が来ようが、
自分の不得手なことをやってうまくいくことはない。
苦手なんだから。
苦手なことをやってもうまくはいかない。
だから、自分ができることを考えればいいんです。

13

人はね、
等しく個性をもって
生まれている。
人とまったく同じ考えじゃ
いけないんです。
だから、
どっか違っていいの。

14
持っていないものをお互いに出し合えばいい

お互いが自分の強みを出し合い、相手の弱いところを補ってあげれば、みんな弱みがなくなってしまう。互いの強みを出し合ったとき、その力は足し算ではなく、掛け算になる。「三足す七は一〇」ではなく、「三かける七は二一」なんです。

成功するって、お互いが「代わり合う」ことではありません。持っていないものをお互いに出し合えばいいんです。私は、本を年間何百冊も読んだり、いつも肯定的なもののとらえ方ができる。そんな強みがあるけど、反面、会社にじっとしていられないとか、人前に出るのが苦手とかいった弱みがあるんです。

だから、私は自分にも「そのままでいいんだよ」といっています。得意な人に、自分の、この弱みを補ってもらうんです。

15

愛されたいのであれば、まず、あなたが愛せばいい

あなたが愛されたいのであれば、
まず、あなたが愛せばいい。
好かれたいのであれば、
まず、あなたが好きになればいい。
でも、全員に好かれようと思ってはいけない。
それは自分の本当の気持ちを閉じ込めてしまうことになるから。
自分のファンはひとりいればいい。
好いてくれる人がひとりいれば、それでいい。
嫌われるのを怖がって、自分の気持ちを隠さなくてもいい。

16

笑顔でいれば好かれるし、
怒ってばかりいたらキラわれる。
それだけなんだよ。
笑顔で愛のある言葉をしゃべろうよ。
今、自分の目の前にいる人たちのために、
全力を尽くす。
愛のある顔と愛のある言葉をしゃべる。
これに全力を尽くす。

17

人生は「開き直ること」が大切ですよ。開き直るとは、閉じていた心を開いて、曲がっていた心をまっすぐに直すこと

だれだって、完璧ではないから、ついつい余分なことを考えたりする。
「オレは何であんなことをしてしまったかな」とか、
「オレってダメだな」とかって。
でも、そういうときに、「そうだよな、わかるよ。
人間だから間違いだってあるよ」と自分に向かっていう。
それだけで心が柔らかくなる。
人生は「開き直る」ことが大切ですよ。
開き直るとは、閉じていた心を開いて、
曲がっていた心をまっすぐに、ピッと直すこと。

18

自分ができることを
生かしていけばいい。
できないことは〝いらない〟こと。
だから、心配しなくていい。
必要になったら、
できるようになる。
ムリして苦しむことを、
神さまは願っていないのだから。

19
イヤなことをいわれるのは、そよ風が吹いているくらいなもの

イヤなことをいわれても、それはそよ風が吹いたようなもの。
足を引っ張る人。
ガンガンいう人。
根回しして反対する人。
そんな人には、いってやりな。
「あんた、そんなこといってると、自分の評判をおとすだけだよ」
正しいことをしていて災いが降りかかるのなら、この世のいい人はみんな死んでる。
そんなことはあり得ないの。
イヤなことをいわれるのは、そよ風が吹いてるくらいのもの。

20

杉の子は小さくても、完璧に杉なんだ

杉の子は小さくても、完璧に杉なんだ。
人も同じことで、子どもはどんなに小さくても、
完璧にその人。
だから、親が子どもを育てるんだという
傲慢さを捨てなくちゃね。
その子はどんなに小さくても、
もう一個の人格を備えているのだから。
それどころか、その子のお陰で、
親は成長させてもらっているんだよ。

人はだれでも、かならず
いいものをもっている

21 イヤなヤツなんか、仲良くすることない

我慢するということは、イヤイヤそこにいること。調和するということは、楽しくそこにいること。で、少なくとも、周りのみんなと仲良くしなくちゃいけないのかというと、そんな必要はまったくありません。

イヤなヤツなんか、仲良くすることないんです。イヤなヤツと仲良くすると、人生がイヤになっちゃう。イヤなヤツがいたら、「イヤなヤツだね〜」とか、「性格悪いね。意地悪いね〜」とか、「いつも暗いね〜」とかいっちゃうんです。そうすると、相手にとって、自分のほうがもっとイヤなヤツになって、相手が寄って来なくなる。

イヤなヤツには、自分が三倍ぐらいイヤなヤツになってやればいいんです。

そうなると、二度と来ませんから。

22 会いたくない人に会わなきゃいけなくなったら ササッと避ければいい

人間には、二つイヤなことがある。ひとつは、会いたい人に会えないこと。もうひとつは、会いたくない人間に会わなくてはいけないこと。この二つが、メチャクチャ苦しい。

会いたい人に会えなくても、夢のなかでは会える。

だけど、会いたくない人に会わなきゃいけないというのは苦しい。会いたくない人って、どういう人かというと、ウマが合わない人。誰にでも、ひとりかふたり、ウマが合わない人がいるんです。おそらく、私にもそういう人がいるはずなんですけど、私の目の前にはそういう人は現れません。どうしてだと思いますか？　答えは簡単です。

私は、そういう人と会わないことにしているから。

万が一、そういう人と会わなくてはいけなくなったら、ササッと避ける。

23
距離を保っていると距離が縮まることもある

会っていて楽しくなければ、会わなくていい。
相性が悪いのに会っていると、きょうだいだって殺されることがある。
人間には一生に一度会えばいい人と、一年に一度会えばいい人、
ひと月に一度ぐらい会えばいい人、
それから毎日でも会いたい人がいます。
その距離を保っていると、距離が縮まることもある。
だから、ムリに会う必要はない。
その距離を大切にするの。
そうすることによって、お互いがしあわせになれるんです。

24 どうすれば楽しくなるかを基準にするんだよ

「どっちが正しいかではなく、
どうすれば楽しくなるかを基準にするんだよ」
と、よく私はいいます。
「どうすれば楽しくなるか」とは、
その場にいる人間たちが楽しくなること。
それは人を傷つけることなく、
楽しいひとときを過ごせるようにすること。

25 人間関係の修行の中で、最大の修行が結婚

「人間はみな、人間関係を修行するために、この世の中に生まれ出てきている」

そんなことを私は考えています。

人間関係の修行の中で、最大の修行が結婚、というのが私の持論なんです。

結婚がなぜ人間関係の修行かというと、夫婦というものは、
世界で一番相性の悪い者同士が好き合って、ひとつ屋根の下で生活するから。

26 「気の迷い」にスイッチが入ると結婚する

「気の迷い」にスイッチが入ると、脳から特殊なホルモンが出る。このホルモンが出ると、脳が一時的に錯乱してしまう。私はこのホルモンを〝ヘナモン〟と呼んでいます。この〝ヘナモン〟というホルモンは不思議なもので、相手が変な人であればあるほど、分泌量が増えるのです。結婚するとこの〝ヘナモン〟が徐々に減り出す。

目が覚めて、相性の悪い人間と一緒になってしまったことに気がつく。

どういうことかというと、たいがい相手は自分が嫌がることをするのね。

ゴロゴロされることがキライな人には、相手がゴロゴロする。

ヤキモチを焼かれることがキライな人には、ヤキモチを焼く。

束縛されることがキライな人には、束縛します。

27

結婚はしたほうがいいんです

結婚式をしているときがしあわせで、別れたときは倍しあわせ。
そのうえ、夫婦でいる間に修行になるんですから。
何のための修行かというと、人は人を変えられないという修行です。
そのことを学ぶために、相性の悪い人間同士が一緒に合宿するんです。
結婚という修行を乗り越えるには、まず、相手に絶対期待しないこと。
それから、相手を絶対変えようとしないこと。
この二つしかありません。
結婚はしたほうがいいんです。

28

すべての人間関係は相手に期待しない、変えようとしない修行

夫婦にかぎらず、すべての人間関係は、
「相手に期待しない。相手を変えようとしない」の修行です。
互いが、
「自分が正しくて、相手が悪い」
といい合っていたら、キリがありません。
人間関係をよくしたいと思うならば、
相手を変えるより、
自分が変わる以外にすべがありません。

29
ご主人の浮気も、すべて自分の責任だと思ってみる

ご主人が浮気したのも、すべて自分の責任だと思ってみる。

そうすると、結婚後、おしゃれをすることを怠り、魅力のない女性になってしまったことに気がつくかもしれない。

店屋物ばかり食べさせて、ご主人を辟易させていたと気づくかもしれない。

甘いマスクと甘い言葉に、ひっかかってしまう自分だと気づくかもしれない。

いずれにしろ、責任は一〇〇％自分にあると思うことです。

人の脳は勝手に自分が改良すべきところを探すものなんです。

そこを改良したとき、ご主人は浮気をやめるか、それとも、ご主人よりも、もっと素敵な男性が現れるかのどちらかです。

人はしあわせになるために
生まれてきた

30 困ったことは起きない

人は、しあわせになるために生まれてきた。人生っていうのは、万事、自分が作ったシナリオ通りだから。死ぬと肉体は滅びる。だけど、魂だけは滅びない。魂は、魂のふるさとへ帰る。帰ったら、来世はどんな人生にしようかって、自分が成長するのに好都合なシナリオを、あらかじめ作る。それからまた、生まれてくる。みんな世の中で一番かわいいのは自分だから、自分が不利になるように決めてくる人はいないでしょ。だから、困ったことは起きない。そういう目で眺めたとき、あなたが悪いことをしていないのに、あなたのことを悪くいうヤツがいたとする。そのとき、「この人は、前世で私が頼んだ人なんだ。こんなイヤな役なのに、よく我慢して約束を守ってくれたな。ありがたい人だな」って感謝すると、そのイヤな人は、役目を終えてスッといなくなっちゃうんだよ。

31

神さまがいろんな課題を与えてくれているんだよ

今、起きている現象、過去から学ぶ。
そのためにいろいろな経験をするんだ。
自分の経験から学んで、学んでいって、学びぐせをつけたとき、
「あのときああだったから、今、こういうふうによくなったんだ」
と、思えるときがくる。
だって、人間は、しあわせだなって思えるときがくる。
不幸になるほうが難しい。
でも、現実には、楽しいと思えないようなことも起こるよね。
それは神さまがいろんな課題を与えてくれているんだよ。

32 私たちは、自分の人生にどんな物語でも作ることができる

人間っていうのは、
その人が何を思い、何を行動するかによって、
自分の人生をバイオレンスものにもできる。
だから、すごい悲劇にもできるし、
ものすごくハッピーな物語にもできる。
私たちは、どんな物語でも
作ることができるんだよ。

33

天命でお役に立てると、心がウキウキする物語りが作れますよ

いい物語りを作るには、人の悪口をいっちゃダメ。
いつも笑顔でいてください。
そうすると天命からお呼びがかかります。
でも、天命って神のお呼びだからすごいなんて、
あまり期待しないほうがいい。
ほんのささいなこと。
ほんのちょっとした人さまのお役に立てることなの。
難しいことからは始まりませんからね。
天命でお役に立てると、心がウキウキする物語りが生まれてきますよ。

34

私は自分に対して、
こういい続けてきました。
「自分は、どんなときでも
明るく輝く太陽なんだ。
どんなときでも、
生まれてきてしあわせだと、
いい続けるんだ」
いつも笑顔でいる。
それだけなんです。

35 どうしたら自分が笑えるか、おもしろくなるかを考えてみてね

よく、「笑えない」「おもしろくない」という人がいるよね。
そんな人はまた、
「自分はどうして、しあわせになれないんだろう……」
とかいい出す。
でも、目の前に起こった現象が「おもしろくない」じゃない。
常におもしろくないことを考えているから、「おもしろくない」んでしょ。
どうしたら自分が笑えるか、おもしろくなるかということを考えてみてね。
そうすれば、人生、ハッピーでいられるから。

36

「問題」というのは、ひとつ上に上げてくれるために神さまが出してくれた階段

ついてる人間って、
困らないものなんです。
ただし、ついてる人間といっても、
生きている間には、
何かしら問題が出てきます。
これは自分をひとつ上に上げてくれるために、
神さまが出してくれた階段。
要するに、自分を成長させる
学びをもらっているんです。

37
成功の法則は、会う人すべてを自分の味方にしてしまうこと

戦うとき敵方をすべて自分の味方にしてしまえば、一滴も血を流すことなく、相手の城を取ることができます。

さらにいいことに、自分の兵力も増強できるんです。

私は、これが最強の成功法則だと思っています。

敵を作らない。

会う人すべてを自分の味方にしてしまう、ということです。

会う人すべてを味方にするって、
何だか難しそうに思われるでしょ。

だけど、意外とこれが難しくない。

38

人の悪口やグチ、嫌味、泣き言など、誰もが嫌がることをいわなければいい

全員が好ましいと思うことは何だろう。
そう考えてみたら、
笑顔と愛のある言葉をかけることしかないんです。
ちなみに、「愛のある言葉」とは何でしょう。
平たくいえば、
思いやりのある言葉ということです。
人の悪口やグチ、嫌味、泣き言など、
とにかく誰もが嫌がることを、
いわなければいいんだということになります。

39

みんなが我慢して、居づらいところにいちゃいけない。修行ってね、みんなラクになるための修行なんだよ

二十一世紀っていうのは、
みんながはまるところにはまって、
キレイな絵を作る。
そういう時代なんだ。
みんなが我慢して、
居づらいところにいちゃいけない。
ラクな方法があるんだって。
修行ってね、
みんなラクになるための修行なんだよ。

40

人間の身体は
魂と肉体でできているから、
どっちかが欠けていたら生きていけない。
両方に栄養がちゃんととれてなかったら、
栄養失調になっちゃいます。
心の問題、肉体の問題、
仕事の問題、お金の問題。
これらの問題を解決しないと、
人ってしあわせになれない。

41 私もしあわせ、あなたもしあわせ。よかったね

この地球というのは、
考え方の違う人間も仲良く暮らせるところなんです。
みんな、考え方が違う。個性も違う。
それは神さまが与えてくれたものだから、
いい悪いはない。
正しいとか、正しくないとかってない。
だから、
「私もしあわせ、あなたもしあわせ。
よかったね」なんです。

42
あなたも神さまから、たくさんのプレゼントをもらえます

「毎日会う人のすべてが、
私をしあわせに導いてくれる。
私のまわりには、
しあわせの天使がいっぱい。
私の人生は最高に幸せ！」
心の底からそういえるようになれば、
あなたも神さまから、
たくさんのプレゼントをもらえます。

43

同じ太陽があたって同じ雨しか降っていないのにトウガラシは赤くなるし、ピーマンは緑になるんだよ

オカルトみたいなことを「すごいですね」って、何がすごいの？

それ、何の役に立つのか、さっぱりわからない。

そういうものに流されちゃいけない。

やっぱり、自然界の本当の神の恵みのお陰で、同じ陽があたって、同じ雨しか降っていないのに、トウガラシは赤くなるし、ピーマンは緑になるんだよ。米はたわわに実るんだよ。

同じお陽さまで、同じ雨だよ。これが偉大なんだよ。

大自然の何にもないところから、お米が出てくるんだよ。

ちょこっと種を蒔いたら、こうやって出てくるんだよ。

これが偉大なんだよ。

44

私たちは、お宝の上に住んでいるんだよ

お地蔵さんってあるでしょ。
あれは地の蔵と書くよね。
で、土の中は宝の山なの。
だから、私たちは、
お宝の上に住んでいるんだよ。
それをしあわせだと感じないのは、
心に豊かさがないんだよ。

45

方位方角おかまいなし。私のいるところが、しあわせなんです

方位方角を気にする人が多いのね。

私の精神論では、私のいるところが、しあわせなんです。

だから、私は方位方角をおかまいなしで、どこにでも行く。

それから、厄年を気にする人もいます。

でも、私にとって、厄年は飛躍の「躍年」です。

自分が出世する年だから、いい年なんです。

厄払いに神社に行っちゃいけないよ、とかいってるんじゃないよ。どうせ、行くなら「飛躍をさせてくれてありがとうございます」と、お礼をいいに行ってごらん。

本当に飛躍するから。

46 人間として生まれただけでもラッキーだよね

人間として生まれた、それだけでもラッキーだよね。
しかも、住む家もあるし、食べるものもある。
世界には食べるものがなくて、困っている人がたくさんいる。
そういう人に比べたら、日本に生まれただけでも幸せです。
それなのに「あれが欲しい。これが足りない」なんて文句をいう。
それは、心が貧しいからなんです。
天国言葉をたくさんいって、豊かな波動を出してごらん。
自然に豊かな波動を出している人を引き寄せるから。
そして、豊かな波動同士が共鳴し合って、もっと豊かになる。

47

私は、自分の人生のテーマを
喜劇だと思っています。
だから、どんなことがあっても
喜劇で、
楽しくて、
おもしろくて、
ハッピーなんです。

自分の神さまは自分

48

世界で一番、自分のために がんばってくれる人は、自分しかいない

人を救うのは人間です。
そして、世界で一番、自分のためにがんばってくれる人は、
自分しかいない。
鏡を見ると、
たいがい自分の顔が映るんだ。
この人があなたの神さまです。
自分のために、こんなにがんばってくれる人って、
他にいないんだよ。

49 自分のことがキライでも、引っ越すわけにはいかないから、自分を好きになるしかない

「僕、自分がキライです」
とかって、いう人もいるんだけどね。
そんなこといってないで、自分のこと好きになりなさい。
「隣の人がキライだ」っていうのは、構わないよ。
相性っていうのがあるからね。
でも、自分のことがキライでも、
引っ越すわけにはいかないんだから。
自分を好きになるしかない。
それで、自分の神さまは自分なんだよ。

50

自分が神さまだと考えるとあなたの顔は神社の入り口。神社は輝いていなければいけない

自分が神さまなんだと考えると、私たちの体は、「お宮だ」ということになります。

あなたの頭は神社の屋根です。あなたの顔は、神社の入り口です。靴は神社の土台です。

それがクモの巣がはっていたり、穴が開いていてはいけないんです。

神社は、清らかな場所でなくてはいけない。

神々しく輝いていなければいけない。

髪の毛を光らせれば天の加護があり、顔をきれいにしていると世間の加護があります。

靴をきちんと磨けば先祖の加護があります。

身なりをきちんとする。この、たった一％の努力をしていれば、残りの九九％はちゃんと世間の人がやってくれます。

51
人間は生きている以上、何かを学ばずにはいられない動物なんです

この世の中には簡単なものなど、
ひとつとしてありません。
「感性豊か」とは、
その事実を事実として受け入れられるかどうかです。
人間は生きている以上、
何かを学ばずにはいられない動物なんです。
そのうちわかる日が来ると信じること。
今、与えられた人生で
学びつづけて行けばいいだけ。

52

遺産なんかなくても生きられる

私たちは、親から遺産なんかより、
もっとすごいものをもらっている。
命ももらっているし、
名前ももらっている。
それにこんなに働き者に産んでもらった。
こんなに働けるなんて、
これが何よりの財産。
だから、遺産なんかなくても
生きられる自分なんです。

人は花だよ。
だから見事に咲いてほしい

53
神さまが人間を創ったとき、男も女もみんな人は花として創った

同じ値段でも、
きれいなガラの服っていっぱいあるよね。
神さまが人間を創ったとき、
男も女も、みんな人は花として創った。
みんなはね、ひとり、ひとりが、
ホントは花なの。
とくに女性は花ですからね。
きれいにしてないとダメなんです。

54

女性はきれいにしていればいいんです

高価なアクセサリーは必要ありません。
何か光るものであれば、
タチウオでも、サヨリでも何でもいい。
というのは冗談ですが、
千円ほど出せば、
キラキラしたアクセサリーは買えます。
それをつければいいんです。
女性はきれいにしていればいいんです。

55
花は花として、目立たなければいけない。そして、花として生きる

「目立ってはいけない」という人もいるけど、社会に出たら目立たないとね。
花は花として、目立たなければいけないんです。
人の一生は一回きりです。
それは、神さまがパーティーにご招待してくれたようなもの。
「素敵だね」といわれるような姿でパーティーに出て、どこが悪いんですか？
自分はどんどん素敵になるんだ、と。
一度きりのパーティーにご招待を受けたのだから、
引っ込んでいられるか、そう思ってください。
そして、花として生きるんです。

56

だからみんなも見事に咲いてほしい

自分のために見事に咲いた花を、
私たちは見せていただいてる。
だから、みんなも見事に咲いてほしい。
一生一回なんだもん。
一生一回、花が花と咲いて、なぜ悪いの？
だから、みんなもね、
素敵な、いろいろな花を咲かせてね。
花は自分のために咲いてるんです。

57

顔にピカピカとツヤを出してキラキラした光りものを身につける。そして、笑顔だよ

まず、顔にピカピカとツヤを出すことね。
明るい色の洋服を着て、
キラキラした光りものを身につける。
そして、今、自分の前にいる人に、
笑顔で感じのいい言葉をしゃべる。
たった、これだけで
あなたはダイヤモンドのように
勝手に輝くようになります。

58

そのままだと
あなたの存在は光らない

「私、玉の輿に乗りたいんですけど」
といってても、顔がね、
カサカサで埴輪みたいに、
無表情になっちゃっててね。
それで髪の毛がワカメみたいに、
顔にベタッとくっついて。
そのままだと、
あなたの存在は光らないんだよ。

59
中身で勝負する前に、包装紙とかいろいろあるでしょ

「中身で勝負です」って、いってる人もいるけどね。
中身で勝負する前に、包装紙とかいろいろあるでしょ。
デザインとかあってはじめて選んでもらえるんじゃない？
それでもって、
「素敵な人ですね」
って、いわれる。
人はいくらでも魅力的になれます。
いいものをひとつずつプラスしていけば、
それが魅力になっていきますから。

60

自分が、人の目に花として映る服装は
どんな服装だろうか。
どんな髪型をすれば
花に見えるだろうか。
どういう笑顔が花だろうか。
そう考えながら、
自分をプロデュースしてみてください。

61 男が魅力的で、女がきれいだったら天国

男が魅力的で、女がきれいだったら天国。
女性はどんどんキレイになる。
男性は、どんどん魅力的になる。
そしたら、ここが天国なんです。
だって、男が魅力的で、女がきれいだったら、
天国でしょ。
いつも笑顔を絶やさないこと。
自分が生きていることをありがたいと思えば、
この世界は天国になります。

天国言葉をいおうよ

62 「愛ある言葉」っていうのは難しくないんだよ

笑うと、目がちょっと下がって、口の角が上がるよね。そのとき、顔に「○」ができる。いつも怒っている人は、眉毛が釣り上がって、口がへの字になるよね。すると、顔に「×」ができる。顔に「×」ができたまま、「開運招福」、「商売繁昌」、「千客万来」といったところで、顔が「×」なんだから「×」でしょ、ってことになる。

愛のある言葉っていうのは、聞くと難しそうな感じがするんだけど、そうじゃない。

たとえば、友だちに「いいこと」があったら、「よかったね」っていうとか、思いやりのある言葉をいうとか。

平たくいうと、グチとか、泣きごととか、嫌味とか、それはやめましょう、ってことです。

愛のある言葉をしゃべるんだっていっても、顔が怒ってたら、相手は怖いんです。

63 「きれいだね。楽しいね。幸せだね」口癖のようにいっていると口からあふれてくる

相手によって言葉を変えるから、お世辞と思われちゃう。
上の人にも下の人にも、横の人にも同じようにいう。
そうしたら、お世辞だとは思われなくて、
「あの人はやさしいね。平らな人だね」と。
相手がどう思おうと、
「きれいだね。楽しいね。幸せだね」
って、天国言葉をいっていればいい。
それを口癖のようにいっていると、口からあふれてくる。
そうすると相手に伝わって、周りの人みんなが天国言葉を使うようになる。

64

はじめに言葉なんだよ

キリストがいっている、
「はじめに言葉ありき」。
「私は、自分のことを尊重しているし、
尊敬してるんだ。
みんなのこともすごい尊重しているし、
尊敬しているんだよ」と。
それで尊重し、尊敬したら、
いろんな行いが変わってくる。
はじめに言葉なんだよ。

65

用事を頼まれたら
「ハイ！」
それと、笑顔で
「ありがとうございます」
って、いう。

66

できる人に「すごいねえ」って褒めてあげられるのは、最高の才能

人を褒めるのって楽しいし、
褒められるのはもっと楽しい。
褒められる努力をするんじゃないよ。
褒める努力をするんだよ。
できる人に「すごいねえ」
って褒めてあげられるのは、
最高の才能。

67

「ついてる。うれしい。楽しい。感謝しています。しあわせ。ありがとう。許します」

「劣等感の正体って何ですか」

といったときに、その正体とは、

「恐れ」なんです。

「はじめに言葉ありき」なんです。

「ついてる。うれしい。楽しい。感謝しています。しあわせ。ありがとう。許します」

と、こういう言葉をいっているときは愛なんです。ところが、

「ついてない。不平不満。愚痴。泣き言。文句。心配ごと。許せない」

これらは全部、恐れから出ている言葉なんです。

68 自分を愛して、自分を尊重すればいいんです。「自分って、偉いよな」と、思えばいいんです

自分を尊重してください。自分を愛して、自分を尊重すればいいんです。
自分で自分を尊重できない理由は、たったひとつ。
あなたが完璧主義者だから。
人間は完璧じゃないんです。
だから、いろいろなことが、完璧にできなくていい。
完璧じゃないあなたが、完璧になる努力をしちゃダメ。
「自分って能力やなんかも大してないのに、よくこれだけ頑張ってるよな」とか、
「自分って、偉いよな」
と、思えばいいんです。

69

「ダメだ、ダメだ」とは絶対いわないでね

「自分はダメだ、ダメだ！」といっていると、
本当にダメ人間になってしまう。
人間はいつもいわれていると
影響されてしまう生きものなんです。
だから、「ダメだ、ダメだ」とは、絶対にいわないでね。
これは子どもに対しても同じことです。
そういわれて育てられると、ダメな子になってしまうから。
自分を信じて「偉いよ」と思っていれば、立派にやっていけます。

70

「恐れ」が出てきたら「ついてる、ついてる」といっちゃえばいい

「心配」とは、「恐れ」から出る言葉です。

「尊敬」とか「尊重」というのは、「愛」からしか出ないの。

恐れが出てきたとき、恐れを生み出すものを全部つぶしちゃえばいい。

その癖をつければいいだけ。

「恐れ」が出てきたら、「ついてる、ついてる」といっちゃえばいい。

劣等感が出てきそうになったら、「自分はよく頑張ってるよな」とか、「俺は自分のことを尊重して尊敬してるんだよ」とかいっちゃう。

今、頑張っている未熟な人間を見ると、「あの魂やなんかも、あと五代とか十代したら、素晴らしいものになるんだろうな。素晴らしい魂になるんだろうな」とか、尊重するんです。

71 「お母さんが生んだ子なんだから、あんたのこと大好きだよ」

子どものことも、「おまえのことが心配でさ」というのは恐れなんです。

そうじゃないの。

「お母さんは、あんたのこと信じてるからね」

「あんたなら大丈夫だよ」

「お母さんなんか、こんな未熟だって、これだけやれたんだもん。

だから、お母さんは、自分のこと大好きだよ」と。

「お母さんが生んだ子なんだから、私はあんたのこと大好きだよ」と。

その言葉には、恐れがないんです。

72

「恐れ」より「愛」が多い時間を作ればいい

「恐れ」より、
「愛」のほうが多い時間を作ればいいんです。
愛なんか、出す必要ない。
もともと人は愛の塊だからね。
愛をなくさせているのは、恐れ。
それで、恐れから出る言葉が
地獄の言葉なんです。

73

褒める気になれば、
いくらでも褒められる。
けなす気になれば、
いくらでもけなせる。
自分をけなして生きたら
地獄だよ。
自分のあらを探す人は、
必ず人のあらを探すよ。

74

自分が変わってから自分を愛するんじゃないんだよ。愛すれば変わるんです

「恐れ」とは、「闇」と同じで、電気をつけたら消えちゃう。
それで闇にしておくと、恐怖もまたわいてくる。
だから、自分に対して「自分を尊重して、尊敬しているよ」
っていえばいい。
たったこのことで、全部変わっちゃう。
自分のことをそのままで尊重しな。
そしたら、どんどん変わっていく。
変わってから自分を愛するんじゃないんだよ。
愛すれば変わるんです。

75

ここは神が天国として作った最高にきれいな星です。花があり、水があり、歌がある

人を怒鳴って、人からエネルギーを取ること。
人に哀れみをこうて、
人の心からエネルギーを取ること。
これをやめな。それ自体が地獄なんだよ。
ないものを奪い合っているって地獄だよ。
そんな地獄のような生活しちゃいけない。
ここは、神が天国として作った
最高にきれいな星です。
花があり、水があり、歌があるんです。

76
世の中はシンプルにできている

世の中は、本当は、シンプルにできている。

笑ってしまうほど、すごくシンプル。

たとえば、ガンという重い病気に冒されているのに、いつも笑っている強気な患者はめったにいない。

いつも笑っている患者は元気になってしまうから。

もちろん、病気になったら、病院でちゃんと治療を受けなくてはなりません。

だけど、世の中には、利用していいものが他にもたくさんある。

そのひとつが、「ついてる」という言葉。

この言葉をいえば、ついてる人間になるんです。

77

「ついてる」といってみてください。
何がついてるかって？
そんなこと細かに
検証する必要はありません。
「人知を超えるほど、
自分はついてるんだ」
と。これでいいんです。
理屈を考えている時間があったら、
「ついてる」といえばいい。

ダメな人間なんて
いないんだよ

78 ダイヤモンドは勝手に輝いています。人間も同じだよ

ダイヤモンドは、だれが見ても輝いているよね。
ダイヤモンドを見て、
「欲しい」と思う人もいれば、
「そんなのいらない」と思う人もいる。
「そんなの見栄のかたまりだ」という人もいる。
人がどう思うと関係なく、
ダイヤモンドは勝手に
輝いているんです。
人間も同じだよ。

79

相手が欠点だと思っていることが、実は長所だとわかることがあるでしょ

相手の話をいろいろ聞く。
学生時代、どんなことで怒られていたかとか、そういうたわいのない話をする。
そうすると、意外にも相手が欠点だと思っていることが、
実は長所であるとわかることがあるんです。
「遊んでばかりでダメじゃないか」
と、怒られてばかりいた人は、
遊びを考えるのが得意なんです。
自分を楽しませることを知っている人は、
人を楽しませることも得意なんです。

80

普通の人は、自分がもっている〝いいもの〟に気がついていない

だから、得意なことばかり聞くのではなく、
いつも怒られていたことを聞いてあげると、
その人間の良さを見出すことができる。
そしたら、その良さを褒めてあげればいいんです。
人を注意したり、怒ったりしているよりも、
相手の〝いいもの〟を探して、褒めてあげるほうがラク。
褒められている人もうれしいし、
人を褒めてあげた自分も感謝されて
ハッピーでいられますからね。

81
私は「不完全主義者」です。自分自身が不完璧な人間だから

なぜ、私が不完璧主義者かというと、自分自身が不完璧な人間だから。
完璧主義者というのは、完璧にできなかったことをずっと悔やんで
自分を責めるか、他人を責めるか。いずれにしろ、人間を責める人のことです。
そうなると、自分で自分のことをきらいになるか、
責めた人からきらわれるかの
いずれかになってしまう。
私は、どっちもイヤだから、不完璧主義者なんです。
どちらが良くて、どちらが悪いといっているのではありません。
私の個人的趣味で、不完璧主義者がいいといっているだけなの。

82 七八％で人間は最高。人間に完璧はないんです

「七八対二二の法則」、
別名「ユダヤの法則」というものがあるんです。
それによると、人間がやることとは、
最高で七八％なのだそうです。
人は誰でも、何かをしようとするときは完璧を期します。
ところが、やってみると一〇〇％完璧にはいかない。
七八％で人間は最高。
たとえ完璧主義者であっても、一〇〇％はできません。
人間に完璧はないんです。

83

できなかった二二%をチェックして、次回に改良する。これをくり返していけば人はよくなるんです

不完璧主義者だからといって、
いい加減にやるのではありません。
やるからにはやはり、一〇〇%を目指す。
でも、人間がやることは最高で七八%だから、
結果については、「よかったね」という。
それで、できなかった二二%をチェックしておいて、
次回はこれを改良する。
これをくり返していけば
人はよくなるんです。

84

限りなく完璧を目指すけれど、完璧にはなれない。
だからこそ、退屈しなくて済む。
人生は楽しいんです。
不完全主義っていいでしょ。
完璧ではない者同士、
何とか完璧に近づこうとして生きる。
これで十分なんです。
「お互い、がんばってるね」
と、いえたらハッピーです。

85
恥をかいていいんだよ

「人間は恥をかきながら向上するんだよ」

と、私は周りにいってきました。

そしたら、みんなが見違えるようになってきました。

私自身も恥をかいてきました。

「穴があったら入りたい」どころか、

「穴を掘ってでも入りたい」ということが、山ほどあったんです。

「何て自分はバカだったんだ」

ということがわかれば、人間は進歩したことになります。

「恥をかいていいんだよ」

86
わからないことを質問するから、人は利口になる

恥をかくのは悪いことではありません。
恥ずかしいと思ったとき、
人は次の手を考えて向上するんです。
恥をかくことはいけないと思っていたら、
その突破口を開くことができないでしょ。
わからないことがあったら、
知っている人に質問すればいい。
質問すると恥をかきますが、
わからないことを質問するから、人は利口になるんです。

87

今日から、みんなで恥をかきましょう。恥をかきながら覚えたことは一生忘れません

本当に頭のいい人は、知らないことを質問するんです。
だから、誰かが質問したときは、
「こんなことも知らないのか」と、私は思いません。
「あの人は、知らないことを質問できる人だ」
と、尊敬の念をもって拍手を送ります。
今日から、みんなで恥をかきましょう。
恥をかきながら覚えたことは、一生忘れません。
心にグサリと刻まれてしまうから。
そして、心にたくさんヒビが入ってできた模様が、人間の芸術になる。

88

今回の恥はあなたにとって必要だったと思えばいいだけ

人の人生には、
必要がないことは
ひとつとして起こらない。
だから、今回の恥は
あなたにとって
必要だったと思えばいいだけ。

89
人の判断で動いて失敗しないより、自分の判断で成功を見つけていったほうがいい

親の判断に頼って生きてきて、ある日突然、親が亡くなったときに、

「今日から、お前の思う通りに生きてみろ」

って、いきなりいわれてもできないんだよね。

だから、人の判断で動いて失敗しないより、自分の判断で成功を見つけていったほうがいい。それが私の考え方なんだね。

これ、正しいか、正しくないかじゃない。

私にとっては、そのほうが楽しいの。

親の判断を取るか、自分の判断を取るか、それは自分が決めないとね。

90

自分のことを
「ダメ人間」だって
考えるのは違う。
この世に、
ダメな人間って
いないんです。

91

まずは、自分が持ってる〝いいとこ〟に気づくこと

人間って、みんな何かしら〝いいとこ〟持ってる。それを見つけて伸ばせばいいんだよ。

すべてのものは「一」から始まります。

どんなことでも「一」があって「二」になる。

で、その「二」は「三」になる。

だけど、最初は「一」からなんだよ。

スタートはやっぱり「一」からです。

じゃあ、その「一」って何ですか、っていうとね。

まずは、自分が持ってる〝いいとこ〟に気づくこと。

世の中って、意外と、自分が欠点だと思っていることが長所だったりするんです。

92

病気っていうのは気が患うんです。強気になれば勝手に治っちゃう。病院に行きながら、強気で生きていけばいい

どっか体の具合が悪くて、「あそこが悪くて、ここが悪くて」という人もいるけど、「いや、私は元気ですよ。こんなもんで充分です」とかいってる、そんな強気な病人って珍しいんだよ。

そういう人って、たいてい治っちゃう。

病気っていうのは、気が患うんです。

弱気になると病気になりやすくなる。

でも、強気になれば勝手に治っちゃうものなんだ。

病院で治療を受けるな、ということじゃない。

病院に行きながら、強気で生きていけばいい。

93

強気になるのに、
周りなんて関係ない。
不思議なんだけど、
自分が強気のほうがいいと思ってれば、
どんどん強気になるんです。

94

「まあいいか」を口ぐせにする。
肩の荷が下りたように人生もラクになるから

世の中の八割は白黒つけなくてもいいようなこと。
それをムリに白黒つけようとするから悩んじゃう。
たとえば、自分が信じている宗教だけが正しいと思うから戦争になる。
「あなたのとこの宗教もいいですね。
うちもいい宗教なんだよ。
お互い、いい宗教でよかったね」
だから、「まあいいか」を口ぐせにする。
肩の荷が下りたように、人生ラクになるから。

95
自分にも好きな人がいる。相手にも好きな人がいる。よかった。よかった

好きになった相手に、自分以外にも好きな人がいても、全然問題じゃない。
好きなものは、いくつあっても悩みじゃない。
「あなたには、ほかにも好きな人がいたのね。よかった、よかった」
ということだから、悩みでも何でもない。
本当に悩まなければいけないのは、
好きな人も、好きになってくれる人も、ひとりもいないということなんです。
自分に好きな人がいる。
相手にも好きな人がいる。
よかった。よかった。

足るを知る人が、
しあわせな人

96
欲にキリなし、地獄に底なし

「欲にキリなし、地獄に底なし」です。
しあわせっていうのは、自分の心が決めるんだよ。
お金も必要かもしれない。
でも、今、貧乏だから、お金を手に入れたら
しあわせになれるという人は、
お金を持ってもしあわせになれない。
「今、しあわせだ」と思える人が
お金を持ったとき、
さらなるしあわせが手に入ります。

97

今、仕事ができるだけでしあわせなんです。これが楽しくなくて何が楽しいの？

今、仕事ができることだけでしあわせなんです。
仕事は人生の修行ができて、面白くて、お金も稼げる。
これが楽しくなくて何が楽しいの？

98

世界で一番しあわせな人間って、
足るを知っている人なんだよ。
常に、今、自分に足らないものを、
「これがあれば、しあわせになれる」
と思っている人は、
実は一生しあわせは手に入らない。
なぜかというと、それは心の問題だから。
欲しいものを手に入れた瞬間から、
次に足らないものを求めはじめるから。

99 一番いけないのは、自分にないことを望むこと

できないというのは、やる必要のないこと、いらないこと。
できないことを生かせばいい。
神さまが与えてくれないものは、いらないものなの。
それがわかっていないから、努力してもろくにできなくて、
「自分は何てダメな人間なんだろう」
となってしまう。
神さまが与えてくれなかった才能を、
落ち込みながら一生懸命努力してもダメ。
一番いけないのは、自分にないことを望むこと。

100
家族だから、わかりあえないと思ったほうがいい

「親なのに、どうしてわかってくれないの」

「私の子なんだからわかるでしょう」

という人がいるけれど、これは逆。

親だから、子だからこそ、相手のことがわからない。

これを勘違いすると、「許せない」「冷たい」「寂しい」となる。

家族だからわかりあえるはずだと思ってはいけないんです。

家族だから、わかりあえないと思ったほうがいい。

肉親というのは、自分の魂にとって、一番大事で難しい修行の相手。

だから、簡単にわからなくて当たり前なんです。

101 「ちょっと元気がないな」と思ったら神社やお寺の豊かな波動の中で心をリセット

「ちょっと元気がないな」「あんまり豊かな心の状態ではないな」

そんなときに、便利なのが神社です。神社に行くと、頭の中がシーンとして、澄んだ感じがする。それは、神社が豊かな波動を出しているから。

その波動の中へ行くと、心の状態がリセットされます。

神社にもいろいろあるけど、いい神社の簡単な見分け方は、ご神木があるかどうか。

樹齢何百年とか千年を超える大木が境内にあれば大丈夫。

高い木には雷が落ちやすいから、長い長い年月、長生きしているだけで奇跡。きっと何かに守られているから。

神社だけでなく、お寺の場合も、ご神木があるところはいい場所。

102

この道
ゆっくり歩いてもいい
休んでもいい
どこまでも続くお花畑
来世も
そのまた来世も
どこまでも
ずっとずっと続く道

自分に起きたことは
一〇〇%自分の責任

103
難しいことといって成功した人を、あんまり見たことない

この世の中って、
そんなに難しくできてない。
難しいことといってる人で
成功した人って、
私は、あんまり見たことない。
だから、難しいことって、
やめたほうがいいよ
っていうことね。

104
相手の話を聞いたらまず「そうだね。わかるよ」という言葉を使うといい

人との距離を埋めるには、人の話をじっくり聞いてあげる。
相手の話を聞いたらまず、
「そうだね。わかるよ」
という言葉を使うといい。いきなり自分の意見をいうのじゃなくてね。
まず、あなたのいっていることはわかると認める。
別に、その人の意見に賛成できなくてもいい。
「あなたのいいたいことは理解しました」ということだから。
ウソついているわけじゃないし、その人を頭ごなしに否定しないですむ。
すると、お互いの気持ちが通じるようになる。

105
自分がイヤなことを、ほかの人には絶対しないと決意する

よく仲間はずれになって、悩んでいる人がいるけど、
それは自分の意見をしっかりいわないから。

向こうのいいなりになっているから、そうなる。

しっかり自分の意見をいえばいい。

そして、自分はイジメをしない、人殺しをしない、意地悪をしないということを貫き通す。それを貫いているうちに、必ずその人の実力通りになるから。

仲間はずれやイジメを悩みに終わらせない。

自分を成長させるチャンスにしなくちゃね。

自分がイヤなことを、ほかの人には絶対しないと決意するんです。

106

パニクっても「大丈夫、大丈夫、大丈夫」と続けていってごらん

急に問題が起こって、頭がパニックになると、
かえって失敗して傷口を広げてしまう。
こんなときには、まず
「大丈夫、大丈夫、大丈夫」
と続けていってごらん。
そうやっていると、
気持ちが落ち着いてくるから。
気持ちが落ち着いてきてから、
問題に対処する。

107

よし、今日も滝に打たれに行くか

私も精神修行のために山で滝に打たれたことがあります。
滝の上から落ちてくる水は、冷たいだけでなく、棍棒で叩かれるぐらい痛い。
ところが、日常生活の場所、職場には、滝がありません。
その代わりにイヤな上司がいる。そう思えばいいんです。だから、
「今日も、あのイヤな上司の下で働かなきゃいけないのか」ではない。
イヤな上司に滝の名前をつけて、
「よし、今日も滝に打たれに行くか」
と思いながら、会社に行けばいい。

108

時間を敵に回しちゃダメ。
それでね、敵を増やしちゃダメ。
ブスっとした顔をしてると、
敵が増えるんです。
それから、人を傷つけるようなことをいうと、
敵が増える。
会う人、会う人を敵に回すか、
会う人、会う人を味方にするか。
それによって、人生は全然違うんです。

109
イヤなことばかりに焦点をあてていたら、その人生はつまらない

イヤなことばかりに
焦点をあてていたら、
その人生はつまらない。
そうじゃなくて、
楽しいことばかりを考えて生きる。
それがしあわせのコツです。

110 人間には、なくそうとしてはいけないものがあります

人間には、なくそうとしてはいけないものがあります。
それは何かというと、「不安」です。
なぜ、不安をなくそうとしてはいけないかというとね。
人間は不安がある動物だから。
不安な生き物だから、不安がなくならない。
不安がなくなるのは、あの世に行ったとき。
死んだときに「涅槃《ねはん》に入る」といって、
このときが「大安心《だいあんじん》」なんです。

111 「この不安があるなかで、自分は何ができるだろう」と考え出したとき、人は動き出す

なくならないものを、なくそうと思ってはいけない。ムリがかかって自分が苦しくなるから。

不安をイヤだと思っても、なくならないものは、なくならない。

それをイヤだと思うと同時に、苦しみがやってくる。

だから、私は、これをおもしろいと思う。

不安を利用して人生を楽しむしかない、と思っているんです。

イヤだと思っているだけでは、何も生まれないけれど、「この不安があるなかで、
自分は何ができるだろう」と考え出したとき、人は動き出す。現実が変わるんです。

人間というものは本当に不思議なもので、不安があるのが普通だと思うと、
意外と不安がなくなるものなんです。

112

フグに毒があるといっても、毒を避ければただのおいしい魚。〝悪いこと〟が起こったときは、フグの毒をどれくらい上手に避けられるかのゲームなんだと思えばいい

この世の中は、フグ料理みたいなもの。
フグはおいしい魚ですが、毒があります。
人が何かをすれば、〝いいこと〟と〝悪いこと〟がセットで起こるものなんです。
〝いいこと〟と一緒に〝悪いこと〟がくっついても、恐れる必要はありません。
フグに毒があるといっても、その毒を避ければ、ただのおいしい魚。
〝悪いこと〟が起こったときは、
フグの毒をどれくらい上手に避けられるかのゲームなんだと思えばいい。
そうすれば、人生が豪華なフルコースになります。

113

「諦める」というのは、
自暴自棄になれ
ということではありません。
ここでいう「諦める」は、
「明らかに眺める」ということ。

間違っていれば
変えればいいいんだよ

114 反省しているヒマがあったら、間違ったところをすぐ直す

「あなたはこういうところを直したほうがいいよ」

といわれると、ズンと落ち込む人がいるけど、それは間違い。

だって、直すべきところを直せばいいだけのことなんだから。

「2＋2＝3」と書いちゃったとき、「それは4だよ」と教えてもらったら、
すぐ「4」と書く。「何で3って書いちゃったんだろう」とかグズグズ考え込む必要はない。

直して、すぐ次に行けばいい。そして「4」と教えてくれた人に、もっと教えてもらう。

教わっているうちに、だんだん要領がわかって、ものごとの考え方も学べる。

だから、反省なんかしなくていいんだよ。

反省しているヒマがあったら、間違ったところをすぐ直すことです。

115

頭がよくなり悟りが開けるうえに、
何をしてもうまく行く。
そんな魔法のような話があります。
それは何かというと、
「一〇〇%自分の責任」という話です。
自分に起きたことは、
一〇〇%自分の責任だと思うこと。
五〇%ではありません。〇%でもありません。
一〇〇%です。

116

少しずつ改善していけば、必ずいい方向に進む

完璧でない自分が完璧を目指したら、
当然のように失敗した。
だから、また次に完璧を目指そうと思うの。
すると、失敗することが楽しくなるからね。
だって、次に改善するところがわかるから。
少しずつ改善していけば、
必ずいい方向に進むんです。

117
私の話がわからなかったら、それは私の伝え方が悪かったせい

難しい話をより難しく話し、
より難しく書く人は、
自分を偉く見せたい人です。
理解できないのは、頭が悪いからではない。
話を聞いた人、話を読んだ人が
わからなければ意味はないよね。
私の話がわからなかったら、
それは私の伝え方が悪かったせいだと思う。
読んだ人のせいではないんです。

118

間違っていたら、変えればいい

人生っていうのは、
その人が考えて、その人が切り開いていくもんなんだ。
それぞれの人がやろうとしていることが、
正しいんじゃないかな。
もちろん、判断が間違うことはあるよ。
だけど、間違ったからって、何も問題はないよ。
間違っていたら、変えればいいんであってね。
自分が考えたことを自分が行う。
すると、そこに学ぶものがある。

119

判断が間違っていたら、
それを修正する方法は
どうなのかって考える。
すると、次にまた新しい判断が出てくる。
人生って、常に、これの連続なんだよ。
これが一番大切なことなんです。

120
ムシの好かない人が現れるのは、自分の器を大きくするチャンス

人間は、自分のもっている欠点と同じものをキラうものです。
相性の悪い人がいたら、
その人のイヤなところが自分にもないか探してみる。
ムシの好かない人が、あなたの目の前に現れるのは、
あなたの心をもっと豊かにするため。
修行になる相手が出てきてくれたということ。
自分の器を大きくするチャンス。
いろんな角度から、自分を見つめ直せるのだから。

121

人間というものは、
十万回生まれ変わるのだとか。
十万回のうちの何回かは、
そういう人生があるんです。
だから、この人生でわからなくても
何の問題もありません。

122
ほかの人の心は変えられない。変えることができるのは、自分の心だけ

自分の心を変えようとしないで、
ほかの人に変わってくれないかなと思っても、
結局、誰も変わらないし、何も変わらない。
だから、自分が
どう変われば問題が解決するかを考える。
必ず解決方法が見つかるから。

123 最初からうまくいくことなんてない

世の中って、最初からうまくいくことなんてない。
小さいときに何か失敗したら
「何だ、お前」と、親や先生に怒られた。
だから、失敗すれば怒られるという頭になっちゃったんだよね。
でも、最初からうまくいかないでしょうって。
だんだんうまくなるんでしょうって。
ちょっと失敗するたびに
怒った親や先生が、未熟なの。
あなたに罪はないんだよ。

124
三万回でダメなら、「来世があるさ」と思うほうがラク

一度や二度教えたぐらいで、人が何とかなると思っている方もいます。

でも、その程度で覚えられる人は、天才なんです。世の中には、天才ではない人のほうが多い。「自分は天才を教えている」と思うのは自由です。でもその前に、自分が天才にものを教えられるほど天才かどうか、一度考えてみたほうが、自分のためです。

「二度教えたのに、まだできないのか！」といって怒るよりもね。

四〇〇回がダメなら九〇〇回、九〇〇回でダメなら一五〇〇回……。三万回でダメなら、「来世があるさ」と思っていたほうがラクです。

人は誰でも、必ず何かしら〝いいもの〟をもっています。私は、そう信じています。

だからこそ、私は相手ができるようになるまで、いい続けられるんでしょう。

125 あなたの波動が変われば、すべてが変わる

劣等感をあなたに与えている人は、精神的にあなたを虐待している。

ところが、本当の悪者は、実はあなたなんです。

「自分は何といわれようと、ここから出て行ったら、食べていけないんだ」とか、自分というものを、すごく虐待している。本当にあなたを虐待しているのは、あなたなんです。

あなたの心の中をじっと見つめてください。いろんなことを見抜けるようになるから。

見抜けるようになった人間は、顔が違います。あなたから出てくる波動が違います。

波動が変われば、すべてが変わります。

前の自分とは、もう別の人です。

そして別の人生を歩めます。

126

あなたのことは、
神さまが認めているんだから。
神さまが認めているから、
あなたを地球に生ませたの。
だから、周りの人が何をいったって、関係ない。
「私のことは、
神さまが認めてくれているんだ」
そう思えばいいんです。

127
過去は変えられるけど未来は変えられない

「過去は変えられないけれど、未来は変えられる」

世間の人はそういいます。でも、私はそう思いません。

残念だけど、そうはならない。

「過去は変えられるけれど、未来は変えられない」

これが現実です。変えられるのは過去なんです。

なぜ、過去が変えられるのかというと、昔のことを思い浮かべるとき、過去の出来事はもう「思い出」ですよね。思い出というものは、後でいかようにも変えられる。

人間は、「今がおもしろい。今がしあわせだ」と、過去の不幸がしあわせなことに思えてしまう。過去のイヤな出来事が、今の自分の宝なんだと思えてしまう。

128

過去のどんな出来事もしあわせと思える人は、
今もしあわせです。
今がしあわせだからこそ、
未来がしあわせになるんです。
人間は万物の霊長です。
過去は変えられるんです。
目の前の現実に向かっていけば、イヤな出来事が
やがて自分の宝になります。

しっかり生きて
しっかり死ぬ

129
いかにも「生きてる！」って感じで生きる。楽しく生きてこそ人生なんです

いかにも「生きてる！」って感じで生きる。
ただ生きてるというだけでは、人生とはいえない。
楽しく生きてこそ人生なんです。
人生というのは魂の修行なの。
人は魂をもって生まれるからね。
その魂のレベルを少しでも上げるために、人生がある。
人生で出会う困難は、魂のレベルを上げるための課題だから、
それを乗り越えていくことに喜びを感じなくちゃね。

130
生きている限り学んで、学んで、学びつづけて魂のふるさとに帰る

生きている限り学んで、学んで、学びつづけ、
自分が学んだことを人に伝えて
魂のふるさとに帰る。
魂のふるさとへ持ち帰れるものは、
あなたがこの世で人に与えたものだけです。
人に愛を与え、大切な人たちに囲まれて楽しく生きて、
「本当にしあわせだった」っていう記憶しか持っていけない。
この世に生きて何を大切にするか、
ってことが大事なんです。

131

自分も相手も目の前にいる人も、いつ死ぬかわからない。そういうことを考えただけで人はまともに愛の道に戻れる

人は、死んでまた生まれ変わり、
何度も生まれ変わりする。
その迎えに来てくれる死というのを、
怖いものだ、怖いものだと思わせようとするのは、
悪魔の仕業です。
もしかしたら、自分もいつ死ぬかわからない。
そして、相手も、目の前にいる人も、いつ死ぬかわからない。
そういうことを考えただけで、
人はまともに愛の道に戻れるんです。

132
人は何度も、何度も生まれ変わる。だから、死なんか恐れることない

人は何度も、何度も生まれ変わります。
だから、死なんか恐れることない。
死ぬときに迷わないように迎えに来る
優しい最後の神様がいます。
ちゃんと生きていれば、ちゃんと迎えに来てくれる。
「一緒に行こうね」って連れていってくれる最高の天使なんです。
最後に迎えに来てくれる優しい神様を
「死神」とか呼ぶのって、失礼だよね。

133

大切な命だから、ちゃんと全《まっと》うしなくちゃいけないよ

最後の神様という天使は、
あなたの心の中に変化を起こさせてくれます。
死を怖れないというのと、
命を無駄にするというのは、
全然違う意味なんです。
大切な、大切な命なんだから、
ちゃんと全《まっと》うしなくちゃいけないよ。

134 かなえたい夢は、どんどん口に出していっちゃうほうがいい

自分がやりたいことや、かなえたい夢なんかは、どんどん口に出していっちゃったほうがいい。「こんなことできるわけがない」「人が聞いたら笑っちゃうよ」などと思うからいえなくなる。笑われてもいいじゃない。

また、一回いったことは、責任なんか取らなくていい。

人間の心はころころ変わるものだし、だから「こころ」というの。

やりたいことをいつもいっていると、そのうちに本当に実現したいことに出会えるから。

周りに必要なものが集まってくる。

目の前の目標は、どんどんいいましょう。

エネルギーが出るしね。

135

でも、あんまり大きすぎる目標は、
人にいわないで
「神さまがいるから大丈夫」と、
心にしまっておけばいい。

136
死ぬのは、寿命が来たとき。寿命が来るまで死なない

弾は誰にでも当たるわけじゃない。
当たらないヤツには当たらない。
もし、当たったとしたら、それが寿命なんです。
寿命が来るまでは死なない。
危険なところへ行ったから死ぬってわけじゃない。
死ぬのは、寿命が来たとき。
だから、寿命が来るまで死なない。
命の問題はそうやって考える。
それで、先へ、先へと行くんだよ。

137
生きるときは、生きてるって感じでしっかり生きる。死ぬときは、真面目に死ぬんだよ

生きてる間から、死んだように生きているヤツっているんだよ。
だから、生きているときは、生きてるって感じで生きる。
死ぬときは、真面目に死ぬんだよ。
生きてるときは、しっかり生きる。
で、死ぬときは、しっかり死ぬ。
しっかり死ねば、浮遊霊とかにはならないんだよ。
しっかり死なないヤツって、しっかり生きていないんだよ。
しっかり生きて、しっかり死ぬ。
二つしかないんだから。

138

命という字を見てごらん。
「人は、一度は叩かれる」
と書くでしょ。
人は、この世に生まれてきたら、
一度は試練を受けるようになっている。
だけど、これが絶対乗り越えられる試練です。
神さまは、その人が乗り越えられる
試練しか与えない。

139
神さまはみんながイヤがったり、困るようなことをしないんだよ

人間って、何回も、何回も
生まれ変わり、成長していきます。
死というものを、そんなにイヤなものと
とらえる必要はないの。
神さまは、みんながイヤがったり、
困るようなことをしないんだよ。

140

心豊かになりな。
しあわせになりな。
そして、愛を出していくんだよ。
もっと、しあわせになる
生き方があるんだよ。

第2章

315 Miracle Words

つきを呼ぶ言葉

141

困ったことがお
きたら面白い
ことがおきたと
言ってみな奇
跡がおきる
から　ひとり

困っていない人には、
困ったことは起こらない

142

「ついてる」は、魔法の言葉。困ったことは起こらない

本当に「ついてる」という言葉は魔法の言葉。

困ったことが起こらなくなります。

どんなときでも、どんなことにも、私には「困った」ことが起こらないから不思議でしょう？


中学校のときに、「方程式が解けないと将来困るよ」と先生に言われたけど、いまだに一度も困ったことはない。

「計算が不得手だと困るよ」と周りの人に言われたけど、今では億という数字も計算機がすべてやってくれます。

困っていない人には、困ったことが起きないんです。

143
あなたが幸せなら、周りの人のおかげ。会う人すべてに「感謝してます」という

今、あなたが幸せだとしたら、それは周りの人のおかげです。
情報だって、友だちだって、なにもかも
みんな周りからやってくるもの。
だから、会う人すべてに「感謝してます」という。
そして、全然知らない人にも、
「あなたに、すべてのよきことが雪崩のごとく起きます」
と祈ればいい。
すると、あなたにも、何かいいことが
きっと起こってきますよ。

144

見知らぬ人であっても、ほめるクセをつける。利害関係のある人をほめるのは最後にしてね

人をほめるクセをつけるようにしましょう。

だれでも、自分のことをほめてほしいもの。でも、普通の人がほめてもらうのは本当に大変なことなんです。だから、利害関係のまったくない人でもほめるんです。

もう二度とくることのないコーヒーショップのマスターにも、「コーヒーおいしかった」とひとことほめる。

利害関係のある人ばかりほめるのは、おべっか使いと思われるし、そう思われてしまったら、終わりです。利害関係のある人をほめるのは最後でいいの。

人をほめると、自分の気持ちがよくなります。

もちろん、相手もいい気分。

145

周りの人が全部喜べば、みんな幸せ。幸せの輪はどんどん広がっていく

あなたが、「幸せ」というと、神さまが喜びます。

「あなたと友だちになれて幸せ」

というと、友だちが喜びます。

「あなたと一緒になれて幸せ」

というと、ご主人が喜びます。

「あなたのような子どもがいて幸せ」

というと、子どもが喜びます。

周りの人が全部喜べば、みんな幸せ。

幸せの輪はどんどん広がっていきます。

146 どうにもならない悩みは、時間が解決してくれるのを待つだけ

どうにかできることは悩みじゃないんです。

どうにもならない悩みは、すべて時間が解決してくれます。

時計が秒針を刻むごとに、その悩みは消えていって、いつの間にか悩みはなくなっています。

「ついてる。ついてる」といって、時間が経つのを待っているだけ。

時を敵に回さずに味方につけるんです。

どんな悩みであっても時間が解決してくれることを信じないと、オロオロしてしまうのです。

147

パニックになりそうだったら、「大丈夫！　大丈夫！」といいつづけましょう

自信を喪失して、突然、パニックになりそうだったら、
「大丈夫！　大丈夫！」
と、ずっといいつづけましょう。
すると、なんだか冷静になってきます。
ふっと一息つく。
それから、おもむろにじっくり問題に対処していけば、
本当に「大丈夫！」になります。
大丈夫なんです。人生そんなにあせることはないんです。
パニックなんか、スッとどこかに消えていますよ。

148
いいことをプラスしていけば、人間はどこまでも魅力的になれます

いいことをプラスしていけば、それが魅力になる。

だから、人間はどこまでも魅力的になれるんです。

一番簡単に魅力的になれるのは、言葉です。

自分が発している言葉が魅力的かどうかということ。

不景気な世の中だから、それを「不景気だ」と連発してみても、ちっとも魅力的な言葉ではないの。

「不景気だって繁盛している店もあるんだから、顔晴らなくちゃね」というほうが魅力的なんです（私たちは「頑張る」を〝顔が晴れる〟「顔晴る」と書きます）。

魅力的な言葉をいっていると、魅力の貯金がどんどん貯まっていきます。

149

魅力がないのは引力がないのと同じ。だれも人は集まってこない

いいことばかりしていれば、魅力的になります。
魅力がないのは、引力がないのと同じだから、
だれも人は集まってきません。
人はなにかに引きつけられてやってくるんです。
いつだって魅力的なことをやっている人が、
魅力の貯金ができるんです。
それにはテクニックなどなんにもないの。
ただ、もっと自分の魅力を高めていくだけ。

150 「人生の岐路」とは、あなたが出会うすべての人のこと

よく、「人生の岐路」といいますね。

受験に失敗したとか、入社試験に落ちたとかが、

「人生の岐路」だと勘違いしている人がいるけど、
そうじゃなくて、「人生の岐路」とは別のところにあるんです。

本当の「人生の岐路」は、毎日、毎日、あなたが出会う人なんです。

出会う人出会う人に、愛のある笑顔で愛のある言葉を話すこと。実は、それが「人生の岐路」。

だから、あなたが出会うすべての人に感謝して、「ついてる」といいつづけましょう。

あなたがついてる波動になれば、仕事はうまくいくし、健康になるし、
すべてのことがうまくいきますよ。

すごい生き方なんか
必要ないの

151

考え方を変えれば、言動が変わる。体の反応も変わってくる

考え方は、現実の言動に影響を及ぼします。
考え方を変えれば、言動が変わります。
体の反応まで変わってくるのがわかるでしょ。
それがさまざまな場面に表れてきて、
よい連鎖反応が起きてくる。
つまり、考え方を変えるということは、
生き方そのものが変わるということです。

152

「自分を許します」といってみてください。心のコリが取れて人を許せるようになります

もし、あなたにどうしても許せない人がいたら、こういってみてください。

「あの人を許せない自分を許します」と。

自分を許せない人なんかいないと思っていませんか？　ところが、ほとんどの人は、自分を許せないんです。たとえば、いじめられても反撃できない自分が許せない。

言われ放題で、じっとうつむいていた自分が許せない。

さあ、許せない自分の心のコリを取ってしまいましょう。その方法は簡単です。

「自分を許します」と言ってみるだけ。

心のコリを取るには、まず、自分を許すことから。

すると、いつしか人をも許せるようになります。

153

すごい生き方をしなくたっていい。余分なものを持っても荷物になるだけ

地位や名誉って、日常的に何か役に立つの？
それは基本的に威張りたいからなんじゃないの？
すごいと思われたいこと自体、すごくないの。
すごい生き方をしなくたっていいじゃない？
なんで人にすごいと思われなくちゃいけないの？
人間、必要な分だけ持っていればいいのであって、
必要じゃない余分なものを持っても荷物になるだけ。
すごい必要なんかないの。

154

病気で入院している人でも、「幸せだなあ。まだ、生きているんだから」と思える人は、ずっと幸せ

自分が幸せかどうかというのは、その人の考え方次第。
どう思うか、どう考えるかによって、
人生がまったく違ったものになるのです。
たとえば、病気で入院している人でも、
「この病気が治ったら退院できる。世の中には自分より若くて
亡くなってしまった人もいるのに……。幸せだなあ。
まだ、生きていられるんだから」と考えられる人が、早く治ります。
現在、生きていることを幸せだと思える人は、
これからもずっと幸せに生きられます。

155

あなたがツイていて幸せならば、人を幸せにすることができて、そのツキも幸せも倍になります

あなたが不幸ならば、他の人を幸せにしてあげることはできません。
あなたが幸せならば、人を幸せにすることができて、その幸せは倍になります。
あなたが幸せで楽しさいっぱいでいたら、みんな集まってきて、
そこに集まる人々も幸せになります。
みんながイキイキした表情になるんです。
あなたの心が豊かになると、
周りのみんなの心も豊かになっていきます。
人間は人になにかを与えることを義務づけられているのですよ。

156

うまく物事がいかなくても自分を責めない、人も責めない、結果を怖れない

完璧主義者はダメ。

不完璧主義者のほうがいい。

なぜって、不完璧主義者は多少の失敗があっても、うまくいったところだけ見て、それを喜んでほめるから。

不完璧主義者は、自分に対しても、人に対しても、うまく物事がいかなかったからといって責めたりなんかしないし、結果を怖れるようなこともないんです。

結果を怖れないから、どんなことにものびのびと積極的に挑戦していけます。

すると、トラブルも起きにくくなってくるんです。

157 完璧でなければ我慢できない人や失敗をいつまでも悔やむ人に、つきはないんです

つきを呼ぶためにはコツがあります。
それは、完璧主義者にならないこと。
もともと人間は不完全なもの。
もともと完璧に物事ができるはずなんかないの。
完璧主義者とは、完璧にできなかったことで自分を責めたり、人を責めたりする人。
完璧でないことに、我慢のならない人です。
失敗を、いつまでも悔やむ人です。
こんな人は、だれにもきらわれます。
人にきらわれたら、いつまでたっても、つきはないんです。

イヤなことは、
いいことが起こる前触れ

158

失敗は小さな成功だから、それを積み重ねれば大きな成功になる

うまくいかなくても、それを失敗したと思っちゃダメです。
それを失敗じゃなくて成功だと考える。
なぜって、失敗は大失敗の母だし、失敗は小さな成功だから。
この考え方がつきを呼びます。
考え方を転換すればいい。一回失敗しても、それを失敗ととらえずに、
これではダメだということがわかったという、小さな成功だと考えるだけ。
それを土台にして次の段階へと挑戦していくだけ。
次の成功を期待して楽しみながら、何度も何度も小さい成功を繰り返していく。
小さな成功を貯金していけば、いずれ大きな成功になります。

159

この世はシンプルにできています。その意味をしっかり理解できれば、つきばかり

私は子供のときから、この世はシンプルにできていると、だれに対しても話してきました。

この考えは、私のなかでは空気のように自然な存在で、すっかり身についてしまっています。

でも、「この世がシンプルなんて……」と、反論しないまでも首を傾げる人がほとんどです。

きっと、謎めいた言葉だと思うのでしょう。

きちんと理解している人は、ごく一部の人だけかもしれません。

でも、彼らの人生は、つきばかりです。

160

すべて物事は順番に起こるものです。
今、イヤなことが起こってイヤな気分になったら、
次はいいことが起こり、いい気分になる。
だから、イヤなことが起こったら、
今度はいいことが起こると
思うようにすればいいんです。
イヤなことは、
いいことが起こる前触れなんですから。

161 自分を好きな人、愛する人は、自分を追い詰めたりしないし、人を追い詰めたりしません

あなたは自分のことが好きですか。
自分が好きだというのが一番大事なこと。
自分がきらいと思っている人は、
どうなってもかまわないとやけっぱちになりがちです。
だから、まず、自分を好きになることです。
自分を追い詰めてはダメ。
自分を好きな人は、自分を愛している人。
自分を追い詰めるようなこともしないし、人を追い詰めたりしません。
自分のことをきらわれる状態に置きません。

162

困ったときこそ、飛躍へのチャンス。つきを呼び込むチャンス到来

世の中の人だれもが「困った、困った」と思っていることであっても、
私にはまったく困っていないことが多い。
みんなが困っていても、私にとっては
それが願ってもない贈り物なんです。
困ったことが逆に、神さまのプレゼントになったことが、
これまで幾度もありました。
だって、困ったときこそ、
飛躍へのチャンスですから。
つきを呼び込むチャンス到来なんです。

163

人はだれでも試練に立ち向かえる。試練をクリアーして成長して

試練とは、心を試して、練り上げるということ。

試練をクリアーして成長し、人生がさらに素晴らしくなるために必要な、チェックポイントなんです。

人間はだれでも試練に立ち向かえるようにできています。

なぜって、試練は生まれてくる前に、自分自身が決めた青写真のなかに組み込まれていることだから。

試練は自分が決めたことなんです。

それを自分がこの世で実際に体験しているに過ぎないんですよ。

164

波動がステップアップすると、行動が変わり、考え方が変わる。考え方のフイルムが替わるから

波動がステップアップすると、あなた自身が変わっていきます。
たとえば、いままでの友だちと合わなくなります。
「変わったね」といって、過去の友だちは去っていってしまいますが、
それは波動がステップアップするための通過点。
安心していていいのです。むしろ、「シメタ！」と思えばいいの。
「変わった」と言われたら、「シメタ！」です。
その時期が過ぎると、あなたの行動も変わります。
行動が変わると、考え方が変わります。
私はこのことを、「考え方のフイルムを替える」といっています。

165

「どっちの道が正しいか」で決めちゃいけない、「どちらが楽しいか」で決めるんです

右か左かどちらの道を進むか決めなきゃならないとき、
「どっちの道が正しいか」で決めちゃいけないの。
「どちらが楽しいか」で決めるんです。
どっちの道を選んでも、うまくいくものはいく。
うまくいかないものはいかない。
成功するには、どちらを選んでも同じだけの苦労をして、
器量を磨いていくものなんです。
だったら、楽しい道を選んだほうがいいでしょ。

いいアイデアは教え合えば、みんながついてる人になる

166
頭は使うほど回転がよくなる。いいアイデアはみんなに教えて高めていく

頭は一生懸命使えば使うほど、回転がもっとよくなる。
それは、手でも足でも同じです。
頭を使わないと、ボーッとしていいアイデアなんか生まれてこない。
いいアイデアが出てきたら、
ひとりじめにしないで、みんなで教え合って高めていく。
教え合えば、もっと素晴らしいアイデアにふくらんできて、
周りのみんながついてる人になるのです。

167

「いいところ」を下から積み上げていけば、気づいてみたら大きな財産になっています

人間はみな、どこか「いいところ」を持っているから、
それを伸ばしていけばいい。
自分が欠点だと思っていることが、
人から見ると意外に素晴らしい長所だったりすることがあるでしょ。
まず、自分の持っている「いいところ」に気づくこと。
その「いいところ」を、一番下から少しずつ積み上げていくの。
それをたゆまずやっていけば、
気づいてみたら大きな大きなあなたの財産になっています。

168

鏡を見て笑顔のチェックがつきを呼ぶ。口の両端を上げて筋肉を持ち上げよう

笑顔でいる習慣づけをしましょう。

笑顔は心を明るくしてくれるし、つきを呼ぶ一番のカギになります。

いつでも鏡を見られるように、家庭ではもちろん、オフィスのデスクや電話の前にも鏡を置いておき、笑顔のチェックをしましょう。

電話をしているときに、怖い顔をしていませんか？

気づいたら、すぐに笑顔に戻してください。

笑顔の筋肉はトレーニング次第で鍛えられるもの。口の両端を上げて頬の筋肉を持ち上げる。意識して筋肉を動かして笑顔をつくると、その情報が脳に伝わって楽しくなり、性格まで明るく改造されます。

169

道端に咲いている小さなタンポポを目にとめて、
「かわいいな」と感じて魂の底から喜べたら、
心がちょっと豊かになったしるし。
ささやかなことにも喜ぶことができれば、
あなたはもうついてる人です。
日常生活のなかで、
できるだけ楽しいことを選んでやっていけば、
楽しい扉が開けてきます。

170

悪い考え方をする人は、心にゴミを持っているから。そんなゴミは吐き出してしまえばいい

悪い考え方をする人は、心にゴミを持っているから。
心の中にいつもゴミを溜めておけば、
いつも気持ちが悪い方向へと動いてしまいます。
それを自分の中に溜めておけばおくほど、重症になってしまいます。
そんなゴミは吐き出してしまえばいい。
気心の知れた人にあらかじめ断ってから、
「グチを聞いてね」としゃべってしまうとスッキリするでしょ。
心のゴミを認めて吐き出すんです。
次の段階にさっと進めるようになりますよ。

171
女性は強いんです。本当は強いということを、もっと意識したほうがいいですよ

本来、生物学的に女性は強いんです。
女性は弱いと思っている人が多いけど、
それは勘違い。
もともと女性は強くできてるんです。
女性には柔軟性があります。
男性のように簡単にポッキリと崩れ落ちたりはしない。
だから、その強さをもっと出したほうがトクですよ。

172
ムリにつくった人脈なんかいらない。自然に親しくなっていた人だけでいい

ムリに人脈なんかつくるから、面倒になります。
ただの顔見知りなど、何千人いたって、なんにもなりません。
それより大切な人間関係があります。
それはムリにつくった人脈なんかじゃない。
いつの間にか親しくなっていた人たちです。
本当に親しい人が困っていたら、
駆けつけずにいられないでしょ？
なにかしようと思うでしょ？

173

喧嘩は売らない、買わないが一番。相手にならずにサッと離れればいいんです

喧嘩は売る人がいるから、買う人がいます。それは商売と同じことなんです。
ほんとに喧嘩は売らない、買わないが一番いい。
いつまでも相手になっているからいけないんです。
自分のほうが正しいなんて主張するより、サッと踵を返して離れればいいんです。
腹が立つ相手には、くだらないことをいっているよりも、離れてしまいましょう。
離れて冷静になって、次の心の修行を考える。
私は、争いごとがきらいです。
また、困難なこともきらいです。
いちいち争いごとや困難に時間を使わないことです。

174

一緒にいるのがつらくなったら、離婚は困ったことではない。「結婚生活、ご卒業おめでとう」

離婚は困ったことでも、なんでもないんです。
一緒にいるのが我慢できないほどつらくなったらどうしようもないでしょ。
再出発しないと、人生にとってマイナスなんです。
結婚生活がたまらなくつらくなったということは、
それを卒業したということだから、肯定的に考えましょう。
神さまは、「もう結婚生活をつづけなくてもいいよ」
と教えてくれているのですから。
離婚は、次のステップへ行く目出たいことなんです。
「結婚生活、ご卒業おめでとう」

175
現在が幸せであれば、明日はもっとついていますよ

景気が悪いからといって、困ったことなんてないの。

なぜって、人間にとっても未来は必ず明るいものだから。

悲観的な暗い未来を予言する人がいても、未来は明るく輝いています。

石油がなくなったって、大丈夫。

もっと環境に優しいものが開発されるからです。

過去の歴史を振り返っても、世界中の国は過去よりも現在のほうがよくなっているでしょ。

日本だって、少し前まではいつも戦争していたし、今のように食べるものも充分なかった。

現在が幸せであれば、明日はもっとついていますよ。

どんどん忙しくなることを
喜ばなくちゃ

176 どんなに夢を語っても、人さまに役立つ夢や感謝される夢でなければかなわない

仕事など、人生の夢を語るのを聞いていて、
「この夢は絶対にかなわないな」
と感じることがあるんですね。
そんなときの夢って、必ず人さまに役立たない夢だから。
また、だれからも感謝されない夢だから。
そのような夢は、うまくいかないものなんです。
夢は、自分の懐だけを肥やそうとする利己主義のものであってはダメ。
自分勝手な夢は、他人から信用をなくしてしまいます。
そして、足下をすくわれますよ。

177 「三出せ」主義がつきを呼ぶ。お金を出さずに知恵を出す

「三出せ」主義がつきを呼びます。
① お金を出さずに知恵を出す。
② 知恵がなければ、汗を出す。
③ 汗も出ないやつは追い出す。
ニコニコ笑顔で過ごすのも、明るく挨拶をするのも、知恵を出すのも、ぜんぜんお金がかからないものばかり。できるだけお金をかけないで商売するのが、一番大事なんです。

投資に多くのお金をかけると、失敗したときのことが心配になります。

でも、お金をかけなければ、またやり直せばいいだけでしょ。

もっと知恵を出せばいいだけです。

178 忙しい波動は、さらに忙しい波動を生んで、「あの店は売れている」という波動が広がり大人気がつづきます

元気いっぱい、キビキビ活動している人が集まったとき、
その波動は倍加してどんどんその場は盛り上がります。
商売していれば、お店は活発で忙しくなっていきます。
それにつられるように、お客さんも途絶えることなくやってきます。
忙しい波動は、さらに忙しい波動を生んで、
「あの店は売れている」
という波動が広がり、大人気がつづきます。
忙しくやっているお店に、お客さんは引かれるんです。

179

ヒマだ、ヒマだとボヤくだけでは、ますますヒマな波動が広がって、お客さんに見向きもされなくなるのがオチ

暗い顔の店主がぽつり。お店自体にまったく活力が感じられないのは、ヒマな波動が充満しているから。

これだと、お客さんにも敬遠されます。

ヒマだ、ヒマだとボヤくだけでは、ますますヒマな波動が広がって、いずれお客さんに見向きもされなくなるのがオチ。

このヒマな波動が一番怖いことに気づかなければなりません。

売れない物の在庫は少しにして、売れる物を前面に目立つように出す。

明るい笑顔で店主自身が忙しそうにふるまう。

それでお店に元気を出すのです。

180

ヒマにしていちゃいけない。
自分の利用価値を
どのくらい高められるか
考えましょう。
利用価値をつければ、
どんどん忙しくなるけど、
それを喜ばなくちゃダメです。

181
仕事は「やりたいこと」や「簡単にできること」から始めるほうがいい

仕事は、「やりたいこと」や「簡単にできること」から始めるほうがいい。
やりたくないことを、イヤイヤ、ムリしてやっているのでは、
能率がちっとも上がりません。
好きなこと、やりたいこと、簡単なことからやっていけば乗ってきて、
スムーズに勢いづいてきます。
すると、イヤな仕事もいつしかこなしているものです。
とくに、朝一番で仕事に取りかかるときには、
そのほうがうまくいきます。

182
知らないことは人に聞く。人に素直に聞ける人の成長は早い

人間は恥をかきながら向上するものです。
だから、一度、恥をかいたら、次の手を考えるだけ。
それが次の段階へと導いてくれます。
知らないことは人に聞く。
人に素直に聞くことのできる人は、
早く成長できます。
恥を心に刻めば刻むほど、
人は見違えるように大きくなっていくんです。

あなたの天命さえわかれば、
あとはすべて運にまかせるだけ

183
仕事は命をかけてやっているうちに使命感が生まれてくるの。使命感とは天から授かったもの

仕事は本気にならないとダメ。

「この仕事、自分に合っていないんじゃないか」と探りを入れながらでは、いつまでやってもダメです。仕事に命をかけなければ、天職かどうかはわからない。

命をかけてやっているうちに、使命感が生まれてくるの。

そうなれば、もうクヨクヨすることもありません。

悩むこともぜんぜんなくなります。

その使命感とは、天から授かったもの。

あなたの天命さえわかれば、あとはすべて運にまかせるだけ。

神さまは必ずあなたにつきを運んできてくれます。

184
仕事は笑顔で楽しくやらなきゃダメ。どんな仕事でも工夫で楽しくやれる

どうせ努力するなら、楽しくやったほうがいい。
商売するにしても、お金のことばかり考えていたら、
結局そこで止まってしまう。
やっかいでどうしようもない仕事でも、
それを楽しくやるにはどうすればいいか、いろいろ工夫してみるんです。
その仕事を楽しくやれるようになったら、
その仕事はきっとうまくいきます。
仕事は、笑顔で楽しくやらなきゃダメです。
楽しくなければ人生じゃないから。

185 仕事はゲーム感覚でやればいい。イヤな上司も、ゲームを楽しませてくれる存在になります

仕事はゲーム感覚でやればいい。
上司が「仕事が遅いぞ」とガミガミ言ったら、どうしたらもっと速くやれるか、
タイムレコーダーをそばに置いて測ってみればいい。
ゲームをしているんだと思えば、熱も入り、一回ごとに時間は短縮されるでしょ。
それが面白いから、また、もっと速くやろうと励みます。
すると、ガミガミ言っていた上司も、速さにびっくり。
仕事に邪魔が入るのを楽しめばいいんです。
ゲームに邪魔が入るから、さらに面白くなるでしょ？
イヤな上司は、あなたのゲームを楽しませてくれる存在なんです。

186

あなたが仕事を選ぶのじゃない。仕事があなたを選び、あなたを呼んでいる

あなたが仕事を選ぶのじゃない。
仕事があなたを選び、あなたを呼んでいるんです。
そのときどきに、あなたにとって必要だと思われる仕事に
呼ばれているんです。
だから、淡々とその仕事をこなしていれば、
気づかぬうちに自然に、
つきが回ってくるようになっています。

187
能力があるのに伸びない人は、全力を出し切っていないから

能力があるのに、なぜか伸びない人がいるでしょ。
それは、その人が自分の能力を出し切っていないから。
見る人が見たら、全力を出し切っている人といない人は、
すぐにわかります。
全力を出すと損だと思っているなら、それは間違い。
人間って、底知れぬ力を秘めているものだから、
一所懸命に力を出し切れば、
きっとうまくいくのです。

188

中学しか出ていないし、
学校でも成績が悪い生徒だった私が
成功者になれた理由は、
事業を成功させる方法を知っているから。
知恵を出しているから。
成功させる人生を送っているから。
そして、ついてるから。

189 仕事の「量」を増やすよりも、どうやったらもっと簡単にできるか「質」を見直すんです

一〇倍稼ごうと思ったら、一〇倍頑張ってはダメ。
今の仕事を一〇倍シンプルにやるにはどうすればいいかを考える。
一番簡単な方法を探すんです。
これまで、いっぱい、いっぱいに仕事をしてきていれば、
これ以上やろうとしても、さまざまな面でムリでしょ。
だから、仕事の「量」を増やすよりも、
どうやったらもっと簡単にできるか「質」を見直すんです。
以前より一〇倍簡単な方法が見つかったとき、
収入も一〇倍に増えますよ。

190 知恵で一万円を活かせなければ、銀行からお金を借りてはいけません

仕事をするには、知恵を出すことが必須です。
たとえば、売上げを伸ばすためはどうすればいいか。
できるだけお金を使わないでやるしかないの。
知恵をしぼり出せば、たとえ一万円でもかなりのことができるのです。
一万円を一〇万円にできない人は、銀行からお金を借りてはいけません。
知恵を活かして、一万円を二万円、三万円と確実に段階を踏んで増やしていくんです。
段階を踏んで初めて、金額にふさわしい知恵が新たに生まれてきます。
まず、一万円を活かし切るだけの商人かどうかと、自問してみることです。
それができなければ、それ以上のお金を使ってもムダです。

191
物事を真剣に考え過ぎるから、深い溝に落ち込んでバランスを崩す

あんまり物事を真剣に考え過ぎると、ダメです。
人間の体は魂と肉体とでできていますから、
一途に考え過ぎると深い溝に落ち込んで、
それら二つのバランスが崩れてしまいます。
一度落ち込むと、なかなか這い上がれないのが現状でしょう。
また、人間はお金がなければ生きていけないので、働かなくちゃいけない。
仕事は大事なんです。
健康な身体を維持しながらお金を得るには、やっぱり楽しく仕事をする、
面白く仕事をすることに限るんです。

192

失敗したら全部自分にはね返ってくる。そんな厳しさを持って仕事をしなくちゃ

なにか失敗をしでかしても、会社が後始末をやってくれると思ってはダメ。
全部自分にはね返ってくるという厳しさを持って、仕事をしないと。
失敗して反省したり悩んだりするのは勝手なんだけど、
そんなことなんかしなくていい。
つまらない反省なんかしないほうがいいんです。
そんなヒマがあったら、次にどうするか、
なにをしたらいいかを考えるほうが建設的。
失敗の原因を探して落ち込んで、
そこで止まってしまうのが一番いけないんです。

193

学歴をひけらかすような人はバカに見えるの。人の心を読めない人は、頭脳労働者じゃない

プロの頭脳労働者たちが闘っている仕事場で、
学歴をひけらかすような人は、バカに見えるの。
また、相手がイヤがることばかりする人がいますが、
そんな人たちは、プロの世界では通用しません。
人の心を読めない人は、頭脳労働者じゃないね。
人の心を読めないのは鈍感だからではなく、
人に対する配慮がないだけです。
人の心を読むことは、
仕事を通じての修行なんです。

194

商人はお客さんにえこひいきしてもらい、可愛がってもらってこそ繁盛まちがいなし

顧客に愛想の一つも言えず、しかめ面をして
高飛車な態度をとっていたら、
お店が繁盛するわけがないでしょ。
商人はとにかく、お客さんにひいきにしてもらい、
可愛がってもらうのが一番大事なことなんです。
「あの店の店員さんが可愛いからまたあの店に行こう」
とえこひいきしてもらえば、店は繁盛まちがいなし。
商人はお客さんにえこひいきしてもらってこそ、
経営がうまくいくものなんです。

195 お客さんが喜ぶ情報を提供する。お客さんにどれだけ喜んでもらえるか、どれだけ信用してもらえるかなんです

努力してダメだったら、違う努力に切り替える。

「こんなに努力したのに、なぜダメだったんだろう」と反省したり、悔やんでもしようがないこと。さっと、頭を切り替えるんです。

たとえば、商人は商品を売ってなんぼの世界だけど、売上げだけにこだわってはいけません。

お金をいただかなくても、お客さんが喜ぶ情報を提供するんです。

お客さんにどれだけ喜んでもらえるかです。

お客さんにどれだけ信用してもらえるかが大事なんです。

お客さんとの信頼関係を築くことを、まっ先に考えないと、モノ余りの時代には商売が厳しくなってしまいます。

人に喜ばれる仕事を、
自分も楽しみながらやるんです

196

「ああするべき」とか「こうするべき」とか、「……べき」で仕事をするとちっとも楽しくない

「ああするべき」とか「こうするべき」とか、道徳論みたいなものを持ち出されたら、
仕事はちっとも楽しくなくなっちゃいますよね。
もっと、自由な発想で動けるようでなくちゃ。
要は、人に喜ばれる仕事を、自分も楽しみながらやるんです。
「みんなが楽しめる方法はなんだろう」と考えるんです。
これはラクに仕事をするのとは違います。
ラクな仕事で月給をもらうのは、寄生虫と同じ生き方。
二人分働いても、みんなが楽しくてしようがないという職場がいい。
二人分なんて働けないから、そのつもりでやりましょうということです。

197

商売とは、相手に得をさせること。この人から買うと間違いない、この人から買うと楽しいがカギ

売れることだけに焦点を当てていると、売れなくなるの。
お客さんが喜んでくれた結果、商品を買っていただけるのであって、
商売とは、相手に得をさせることなんです。
相手に得をさせると、また買っていただける。
得というと、値引きをすることと勘違いする人がいるけど、
そうではありません。
安ければいいというのは、商人としては怠慢です。
この人から買うと間違いない、この人から買うと楽しい。
そう思ってくれるお客さまが、何度も買ってくれます。

198 自分の仕事が一番カッコいい。そのプライドが仕事を成功に導きます

人間の立ち場は、一人ひとり違います。

その立ち場を貫き通せるかどうかが、成功するかどうか、カッコよく生きられるかどうかの分岐点になります。

商人なら商人が一番カッコいいと思っていなければダメです。

農業をやっている人は、日本人の食を自分たちが担っていると自信を持ってやるんです。

大工さんには大工さんの誇りとする道があります。

それぞれ違う職種で働く人たちが、みんな自分の仕事が一番カッコいいというプライドを持って仕事をすれば、必ず成功します。

199
相手のいいところをマネして学ぶ。
ライバル会社の悪口を言っていたら負け

ビジネスにおいて、相手の悪いところを探し出して悪口をいっているから、
相手に負けてしまうんです。
なぜなら、相手のいいところをマネしようとしないから。
また、相手のいいところを学んで、自分の弱点を直そうという心がけがないから。
相手のよい点を認めて、マネるんです。
そのような姿勢を持てれば、勝利します。
これはサラリーマンも同じですよ。
ライバル会社の悪口をいっているようであれば負け。
相手のよい点を見習うようにしましょう。

200

あなたが頼まれた仕事は、神さまが用意してくれたもの。尻込みしていてはチャンスを逃しますよ

あなたが頼まれた仕事は、神さまがそれをやるようにと用意してくれたものです。
それを楽しく、気分よくやっていれば、また次の仕事を頼まれる。
それをまた、楽しく、気分よくやる。
そのうちに、あなたの得意、不得意がわかるようになります。
自然に得意ジャンルがわかってきます。
そうなったら、どんどん頼まれた仕事をやっていく。
神さまがあなたを見込んで試しているのですから。
不安など抱いて尻込みしていてはダメ。
成功へのチャンスを逃してしまいますよ。

201 今やっている仕事を一生懸命にやれば、必ず、あなたの天職に出会います

天職とは、これをやるために生まれてきたという仕事、自分にぴったりした仕事のことです。

「自分の天職はどこにある？」

と、ただ漫然と探しているだけでは、見つかるものではないの。

だから、今やっている仕事を一生懸命にやる。

やっているうちに、必ず「これだ！」という天職に出会います。

天職は、あなたの中に埋まっているもの。

だから、自分で自分の鉱脈を掘り出すんです。

天職というのは、怠惰に過ごしていては絶対に発見できるものではありません。

あなたが仕事に打ち込んでいるうちにわかるものです。

202
計画は人間の力、「ひらめき」は神の力。最高のアイデアはその人の頭脳に詰め込まれた材料の質と量に比例する

最高のカクテルが、最高の材料の組み合せによってできるように、最高のアイデアはその人の頭脳に詰め込まれた材料の質と量に比例します。

頭の中に材料がなにもなければ、よいアイデアは生まれません。

さまざまな材料をたくさん蓄えている人ほど、豊かなアイデアが生まれてくるもの。

計画は人間の力でできます。

でも、「ひらめき」は神の力なんです。

頭の中に材料がたくさんあればあるほど、ひらめきがどんどん湧いてきます。

それは、神さまがそのひらめきを導いてくれるから。

ひらめきを生むためには、読書をするのが一番です。

203
お金、健康な身体、優しい豊かな心　この三つが揃えばハッピー

お金だけで、人は幸せにはなりません。お金さえあれば、幸せだと思うのは間違いです。

幸せを手に入れるには、次の三つが揃うことが必要です。

① お金
② 健康な身体
③ 優しい豊かな心

幸せには、お金も必要だけど、健康で優しい豊かな心がなにより大事なんです。
お金がないと、ふたつだけ困ることがある。
お金がないと、イヤな人にも頭を下げなければならないこと。
愛する人を助けられないこと。

いつだって機嫌のいい人が
リーダーシップをとっていく

204
「運がない」と嘆くより人の倍ぐらい働いてごらん

だれにも運があります。

人間だれでも平等に今日から明日へと運ばれているのですから、「運がない」というのは違います。

運ばれているということ自体、運があるんですから。

ただ、運に勢いをつけることができるかできないかだけ。

「運がない」と嘆く前に、人の倍ぐらい働いてごらん。

今、やっている勉強でも仕事でも、これまでよりスピードをアップしてみるの。

時間短縮を心がけてみる。

難しいことを考えないで、自分がすぐできることから始めてみればいいんです。

205

どんなに実力をつけても、
努力しても、
運に勝つことはできません。
運は天が与えてくれるものだから。
天とケンカしても、
人は天に勝つことはできないでしょ。

206
眉間には「第三の目」心の目がある。閉じていないかどうか確認してみてください

怒ってばかりいる人の眉間には、よく深いシワが刻まれているでしょ。

眉間に深いシワがあると、幸運を呼び寄せるために必要なものが、見えなくなってしまう。

なぜなら、目と目との間、つまり、眉間には「第三の目」があるからなんです。

この第三の目とは、心の目なんです。

心の目は、この世の中の大切なことを見抜く目。

なにが大事か大事でないかという、物事の本質を見極める目なんです。

眉間にシワが寄ると、第三の目は閉じてしまい、心の目が曇ってしまう。

怒りたくなったら、眉間を触ってみてください。

心の目が閉じていないかどうか確認することですね。

207
「人事を尽くして天命を待つ」のではなく、「天命にまかせて人事を尽くす」

未来は勝手に向こうからやってきます。

未来からやってくることは、必ず解決できること。

自分で解決できない問題などやってきません。

なぜって、神さまが、この問題をやってみなさいといってあなたに出しているんだから。

神さまの出題することは、なにもかも全部あなたが解決できる問題ばかりです。

だから、天命にまかせるんです。

「人事を尽くして天命を待つ」のではなく、

「天命にまかせて人事を尽くす」だけ。

208
人徳のある人は、いつもニコニコ笑顔。暗い顔の人には、なかなか運がつきません

暗い顔をしている人は、それを見ているだけで、
こちらも暗い気持ちに落ち込んでいきます。
だから、暗い顔をしている人は、それだけで罪なんです。
昔の人はよく「人徳のある人になりなさい」といいました。
人徳のある人とは、人の心を軽く、明るくする人のことなんです。
そのような人を徳があるといいます。
人徳のある人は、いつもニコニコ笑顔。
暗い顔の人には、なかなか運がつきません。
人徳のある人には、いいことばかり起きるから、やっぱり笑顔って大事ですね。

209

不愉快な顔をしていると、
敵が増えてしまうんです。
敵はできるだけ
増やさないことですね。
会う人みんなを敵に回すか、
味方につけるかで、
人生の運が驚くほど
変わってしまうんですよ。

210

機嫌を悪くするのは「悪」。人の機嫌をとらないで自分の機嫌をとるんです

なにもかもうまくいかない。

人間関係は最悪だし、体の調子も悪い。

そんな人はきっと、いつも人の機嫌をとっているはず。

人の機嫌をとったりしたらダメですよ。人の機嫌をとらないで、自分の機嫌をとるんです。

人は人で勝手に機嫌を悪くしているだけなんですからね。

機嫌を悪くするのは「悪」なんです。

いつだって、機嫌のいい人がリーダーシップをとっていくんです。

「悪」に引きずられてはいけません。

ただ、あなたの都合でニコニコしていればいいだけ。

211 人の目方とはその人の総合点のこと。目方を増やす生き方をしよう

私はよく「素直な人はいい」といいます。なぜなら素直な人は、とても得をするから。

でも、どんなにあなたが素直でも、周りにいる人がロクでもないと、あなたの素直さはなんにもなりません。周囲にいい人がいなければ、目方が増えないんです。

目方とは、その人の持っている総合点のこと。

① その人が本来持っている力。

② その人の性格。

③ その人が呼び寄せる運。

これらが全部合計された総合点が目方なんです。

だから、どうしたら自分の目方を増やせるかを考えて、生きることが大切なんですね。

212

願いごとを千回口に出せば、うまくいって運がついてきます

願いごとを千回声に出していう。
すると、願いごとは必ずかなうから不思議。
「千」という数字には不思議な力が秘められています。
たとえば、「お百度参り」も一〇回繰り返すから、千回になるし、
昔から千回実行すれば、神さまは力を貸してくれるといわれています。
だから、願いごとを千回口に出せば、
かならずうまくいって運がついてきます。
これが「千回の法則」です。

213 「やってやれないことはない。やらずにできるわけがない」と、声に出して千回いう

運をつかむ確実な方法があります。

それは、「やってやれないことはない。やらずにできるわけがない」と、声に出して千回いうことです。

すると、意識して声に出さなくても、勝手に口がひとりごとをいっているし、勝手に体が動き出します。

千回の法則は、無意識に勝手に動き出している状態にならないと、効果がありません。

勝手に動くようになったら、目の前の運をしっかりとつかんでいます。

素直だと実力がつきますよ。

運も実力のうちです。

次は、あなたが
「ありがとう」といわれる番です

214 今、幸せだと確信できてる人は、幸せグセがついているから、未来の運も大丈夫

過去のこと、つまり、済んでしまったことは変えられるものです。
過去はすでに思い出です。
思い出は自由に創作できますから、変えられるでしょ。
過去は、自分に都合よく勝手に変えてしまえるもの。
でも、未来は変えられません。
たとえば、あなたが今、幸せだと思っていたら、将来もずっと幸せです。
今、幸せだと確信できている人は、
もうすでに幸せグセがついているから変わらないの。
だから、未来の運もずっと変わりなく大丈夫。

215
働く仲間がお金を儲けられるのも、みんなでついてる運を呼び込んだから

私は、みんなにいろんなことをいうことはできるけど、
本当はみんなに教えるなんてことはできないんです。

それどころか、私のほうがみんなからいろいろ教えてもらっていて、

「間違ってた。そういうことだったんだ」は、いっぱいあります。

「ああしたら?」とか、「こうしてみたら?」というアドバイスはしますが、
強制的に「そうすべきだ」とはいいません。

私は、師匠なんかじゃないんです。

でも、一緒に働いてくれる人たちは、億という単位のお金を儲けられるようになりました。

これも、ついてる運をみんなで呼び込んだからなんです。

216

「でも……」「でも、そういわれても……」という人は、わざわざ運を遠ざけています

バカバカしいことで悩むのをやめて、
どんなことでも幸せに考えましょう。
不幸な人は
「でも……」「でも、そういわれても……」
と必ずいいます。
そんなあなたは、
わざわざ運を遠ざけています。
あなたが持っている全部の力を使って
不運を招いているんです。

217

できないことを嘆くのは、もうやめましょう。
できなくたって、いいんです。
勉強ができなくたっていい。
運動ができなくたっていい。
あなたは、あなただけに
できることがきっとあります。
できないことはやらなくていいこと。
なんにも向かないっていう人は、
この世にいないんです。

218 自分のセンサーを研ぎすまして、磨きをかけておけば運がつく

運をつけるには、いつも自分のセンサーを研ぎすまして、磨きをかけておかなければなりません。その準備がなければ、幸運も見逃してしまいます。センサーは、日常生活で出会うすべての状況に用意されているのです。

たとえば、人と会っているときでも、コンサートに行って、好きな音楽を聞いているときでもです。新たな仕事に挑戦したいと考えているときは、特にセンサーを研いで、しっかり張り巡らしておきましょう。あらゆるところにセンサーは潜んでいますから、「これはチャンス！」と直感したら、対応するのに手間取ってはダメです。

人生のターニングポイントとなる人との出会い、またよい仕事との遭遇には、それを可能にするセンサーの働きが、とても重要になるんです。

219

ついてる人は賭《か》けごとに弱い

ついてるというと、すぐ賭けごとや、宝クジを連想する人が多いようですが、意外と、ついている人は賭けごとに弱いものです。

賭けごとの好きな人は、賭けごとに没頭してしまって本業に身が入らず、大成する人はほとんどいません。

私も賭けごとで家を建てたり、ビルを建てたという人を聞いたことがありません。

もし、自分は賭けごとに弱いという人がいたら、自分はついてる人間だと思って、喜んでくださいね。

220
掃除をしっかりやらないと、つきは訪れない。今すぐに掃除して、すっきり！

掃除をしっかりやらないと、つきは訪れないもの。
神さまは汚い場所が大嫌いだから。
もし、あなたがなにをやってもうまくいかなければ、
「運が悪い」と嘆いているより、玄関の掃除をしましょう。
玄関に不要なものをどっさり積んでいませんか？
足の踏み場もないほど、ごちゃごちゃしていませんか？
床が汚れていませんか？
だったら、今すぐに掃除して、すっきりさせましょう。
天から運が降りてきますよ。

221
盛り塩をしておけば、浄化されて心も体もすっきり

玄関がきれいになったら、
邪魔にならない場所に
盛り塩をしておきましょう。
浄化されて心も体もすっきりします。
塩は天然のものがいいですね。

222
太陽からパワーをもらう。太陽に感謝をすれば、パワーがいっぱいあなたにみなぎる

太陽のパワーは非常に強いものです。太陽のパワーをもらいましょう。

パワーが一番もらいやすいのは、朝の太陽が昇るときと、夕方沈むとき。

朝夕の太陽の光はまぶしすぎないからです。

パワーをもらう方法は、まず、太陽に向かっていいます。

「いつも感謝しています。ありがとうございます」

あなたの感謝を太陽に送るとき、太陽のパワーがあなたの全身にサアッと入ってきます。

人生では、自分で出したものは自分に返ってくる。

あなたが太陽に感謝すれば、パワーがいっぱいあなたに返ってきて、
体中にみなぎって元気いっぱい。パワーがつけば、運もつきます。

223 できる範囲内で人の役に立つことをしましょう。「ありがとう。感謝してます」といわれるように

「ありがとう。感謝してます」
といっていると、運がついてきます。
でもそれだけでは、ただいただくだけの人生。
いただくだけの人生ではダメです。
今度は、あなたが人さまになにかをしてあげるの。
次は、あなたが「ありがとう」といわれる番なんです。
ほんのちょっとしたことでいい。
あなたのできる範囲内で人さまの役に立つことをしましょう。
だれかから「ありがとう。感謝してます」といわれるような人になったら本物。

持ち帰ることのできるもの、
それは愛だけ

224 すべてを忘れて、霊的なことや宗教的なことにのめり込むのはよくない

霊的なことや宗教的なことにのめり込んでいる人がいますが、これはよくありません。

霊的現象と言って、不思議なことが起こるのを喜ぶのもいいけれど、生活の八割は、しっかり仕事をするのが先。

まず、人生をしっかり歩むことから。

日常的なことをしっかりやるのが先決です。

あと残りの二割を、不思議なことを楽しみながらやる。

不思議なことに八割も頭が満杯というのは、まさに本末転倒ですね。

225

人間はこの世に修行のためにきて、修行が終わると魂だけが残る

私たちは、この世に遊びにきているんです。
仕事をしながら、その遊びをやっているんです。
人間はこの世に修行のためにやってきて、
修行が終わると分解してしまいます。
でも魂だけは残ります。
だから、今、ここ、
このときを生きるんです。

226 天国に持ち帰るものは、「自分は本当に幸せだった」という愛の記憶だけ

肉体がほろびて、魂のふるさとの天国に帰るときには、この世のお金なんか持ち帰ることはできないの。

魂のふるさとに持ち帰ることができるものは、この世で人に与えたものだけです。

持ち帰ることのできるもの、それは愛だけなんです。

愛を与えて、大切な人たちに囲まれて楽しく生きる。

「自分は本当に幸せだった」

そんな愛の記憶しか、あの世には持ち帰れないんです。

227

物なんて、本当はなにもないんです。だから、あなたがなにを大切にして生きるかなんです

世の中の物なんて、
本当はなにもないんです。
宇宙エネルギーが集まってできているだけだから。
だから、あなたがなにを大切にして生きるかなんです。
こんなこと信じない人もいっぱいいます。
別に、信じていただく必要もないんですよ。

228
神さまには感謝するだけ。いいことを一つ一つ、足していくだけ

神さまと言っても、別に宗教やっているわけじゃないんです。
ただ、日々、楽しんで人に喜ばれることをしようとしているだけ。
だから、神さまに感謝する。
この大自然の中に生まれてきて、
生かしてもらっていることへの感謝です。
拝むこともなんにもない。
感謝するだけなんです。
あとは私たち自身が、自分が最高だと思えるようになるために、
いいことを一つ一つ足していくだけ。

229
神さまの手伝いをする人に、神さまは奇跡的なプレゼントをくださる

神さまは天国にいるけど、この世には神さまの手伝いをしている人がいます。
でも、これは宗教などとはまったく関係ないことなの。
ただ、自分の周囲の人に笑顔で感じのいい言葉、「天国言葉」を話すだけ。
相手がどう思っていようと、
「きれいだね。楽しいね。幸せだね」
と口癖のように言う。たった、これだけのことです。
神さまの手伝いをする人には、神さまが素晴らしいプレゼントをくださいます。
それも想像を絶するような、奇跡的なプレゼントをです。

230
人さまのために働くことは、神さまの手伝いをしていること

人さまのために働くことが大事なんです。
世の中が喜ぶことをするんです。
それは神さまの手伝いをしていることだから。
すると、だんだん神さまに近づいていきます。
神さまに近いことをすれば、
あなたの顔が神さまのようになります。
あなたの中に神さまが住んでいるから。

231

人間はこの世になにかを学びにきている。自分がなにを学んでいるかがわかると人生はラクに生きられる

心の中には神さまがいるというのが、私の持論です。
「魂」という言い方を「神」に言い換えただけなんだけど。
人間は、この世になにかを学びにきているの。
なにを学びにきているかです。
魂が学びたがっているんです。
魂が経験したいんです。
経験して学びたがっているんです。
だから、自分がなにを学んでいるかがわかると、
人生ってラクに生きられますよ。

232
魂のレベルを上げていくには、いつも幸せで、その幸せを人にも分けること

人間は生きている間ずっと学びつづけます。
そして、魂のレベルを上げていきます。
魂のレベルを上げるというのは、
「自分はいつでも幸せだ！」
と思える人間になることです。
今、置かれている場で幸せになり、
自分の周りの人にも幸せのおすそ分けをする。
自分は幸せだということと、その幸せを人に分けるということ。
この二つが大切なことです。

第3章

315 Miracle Words

愛の言葉

233

人は愛する人のためならがンバレル

ひとり

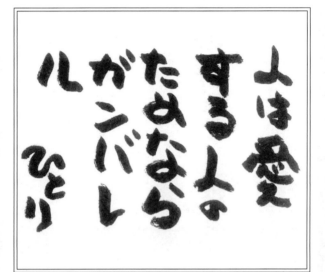

自分を愛して
人も愛して

234

愛されたいのであれば、まずあなたが愛せばいいんです

人に愛されたり、好かれたいのであれば、
人を愛しなさい、好きになりなさい。
愛されたいのであれば、
まずあなたが愛せばいいんです。
大勢の人に好かれたいのなら、
大勢の人をまず好きにならなければいけないということです。

235
素直に本音をいおう

嫌われるのを怖がって、
自分の気持ちを隠さないことですね。
素直にホンネをいってくれる人の方が
案外好かれるものです。
もし、ホンネをいって
人から嫌われるようなら、
そろそろ自分を変える時かもしれませんね（笑）。

236

「自分を愛して、他人を愛します」毎日、それができるようにと誓っていれば、たとえ許せない人が眼前にでてきても対処できるようになります

「自分を愛して、他人を愛します」

毎日、それができるようにと誓っていれば、たとえ許せない人が眼前にでてきても対処できるようになります。それができるようになったら、
ちょっと愛が大きくなったと実感できる。

人間は際限のない創造物ですから、愛も際限なく大きく育っていく可能性があるんですね。

サルにだって愛があります。だけど、人間はサルのことも魚のことも考えています。

自然保護とか、捕獲しすぎるといけないとか。

人間の魂がだんだん成長してきたから、愛も大きくなってきたのです。

魂を成長させつづける限り、人間の愛はどんどん大きくなっていく。

237
愛はエゴに似ています。愛は狭くなってくると危険です。でも人類愛まで広がっていくと、愛は素晴らしい

魂を成長させる修行といっても、俗世間から離れて座禅を組んだり、滝に打たれることではなく、日常生活のなかでもできます。

自分が満たされないと、我がでてきてしまいます。

「自分が、自分が」という我がでてくるのは、愛が狭くなってしまっているから。

愛している人に捨てられると、ストーカーになる人などはそうですね。

愛はエゴに似ています。

愛は狭くなってくると危険です。

でも人類愛まで広がっていくと、愛は素晴らしい。

238

「あなた、笑顔がいいじゃない」「ほら、その笑顔って最高！」というと、その人は生きていく勇気がわいてきます

人それぞれの個性に、いいとか、悪いとかはありません。
個性をいいほうに導いてあげるのが、愛です。
「あなた、明るい性格ですね」といってあげるだけで、
その人をそのまま認めてあげるだけで、愛を与えることができる。
そういったあとで、もうひとこと。
「あなた、笑顔がいいじゃない」という。そういうと人は必ず笑う。
「ほら、その笑顔って最高！」というと、
その人は笑顔に自信を持って生きていける。
生きていく勇気がわいてきます。

239

目の前の人を、
とにかく大事にして、
喜ばれることをする。
幸せになる秘訣は
これしかありません。
このことは、
これからの時代にこそ
重要になります。

240

今、あなたがしゃべっている言葉は魅力的ですか？
今、あなたがとっている行動は魅力的ですか？

魅力的な発言をし、魅力的な行動をする人のところに、魅力的な人は寄ってきます。
今、あなたがしゃべっている言葉は魅力的ですか？
今、あなたがとっている行動は魅力的ですか？
魅力がないというのは、引力がないのとおなじです。
何をやるにも、引力がなければ、人は集まってきません。
引きつける何かがないと、人は集まりません。
人は何かに引きつけられて来るのだから、いろいろな意味で、
自分は魅力的かどうかを考えて、
いつも生きていくように心がけなければいけない。

241

「この本は一回読んだからいい」と利口ぶらないで、「私、もの覚えが悪いから、何度でも読みます」という

だれかが「この本、読んでごらん」といったら、

「私、その本読みましたからいいです」と、
人の親切を無にするようなことをしてはいけない。

「この本は一回読んだからいい」と利口ぶらないで、

「私、もの覚えが悪いから、何度でも読みます」という。

社会に出て出世したり、人に愛されるのは、このような人です。

「あれ読んだら、すごい勉強になりました。自分が知らないことを全部書いてありました」といえる人が魅力的なんです。

こんな言葉が魅力的な発言です。

242
鈍感な人は頭が悪いのではなくて、性格が悪いだけ。人に対する心の配慮がないだけ

魅力とは愛です。思いやる気持ちです。
相手のことを思いやれば、たいがい魅力は出てきます。
四六時中、自分のことばかり考えている人は、人のことに考えが及ばない。
鈍感な人は頭が悪いのではなくて、性格が悪いだけ。人に対する心の配慮がないだけ。
自分のことしか考えないから、相手のいうことがわからないだけ。
だから、人の話をよ〜く聞くことですね。
じっくり聞くことに徹する。
それからどうするかを考えるのです。
そのほうがハタから見たって、どこから見たって立派に見えます。

その豊かな心で、
だれかを幸せにすることができる

243 赤いメガネで世界を見れば、世間はすべて赤い色。黄色いメガネで見れば、すべてが黄色です

魅力というものには、絶対はありません。

高学歴、高収入、英語堪能という要素だけを絶対的な魅力だと思ってしまい、その他の魅力に目を向けることをしない人がいます。

このような人は、人の魅力というものの真実がわかっていないのです。

赤いメガネで世界を見れば、世間はすべて赤い色。黄色いメガネで見れば、すべてが黄色です。

でも、世間はもっと、もっと豊かな色に彩られているのです。まちがった色メガネで世間を見ていると、その色鮮やかな世界は見えるはずがありません。

それがあなたの魅力を失わせているのかもしれません。

244 イヤなことに焦点を当てるのでなく、楽しいことに焦点を当てるのです

きれいな公園にだって、ゴミ箱はあります。
でも、きれいな公園に行ったら、
その美しさだけを見ればいい。
ゴミ箱を見る必要はありません。
イヤなことに焦点を当てるのでなく、
楽しいことに焦点を当てるのです。
そうすれば、人生が楽しくなる。心が豊かになる。
その豊かな心で、だれかを幸せにすることもできる。
人間は、人に愛を与えるために生きているんです。

245

本当はもらえるはずだった財産が、別の人にいってしまったのは、あなたがもらう必要がなかったから

本当はもらえるはずだった財産が、
別の人にいってしまったのは、
あなたがもらう必要がなかったから。
不公平のない神さまは、
「この人には財産がなくても大丈夫」
と見込んでくれたからこそ、その財産を別の人に与えたのです。
その神のご意志がわかれば
一生懸命に働いて、将来もらった人より
お金を多く持つことができるでしょう。

246 「豊かさを持っている人間にはさらに与えられ、豊かさのない人間には、たった一つしかないものまでも奪われる」

キリストの言葉にあります。
「持てる者にはさらに与えられる。ない者からはさらに奪われる」と。
この言葉を簡単にすれば、
「豊かさを持っている人間にはさらに与えられ、
豊かさのない人間には、たった一つしかないものまでも奪われる」
ということです。
豊かさのない人は、どんなに才能があっても、
生きているうちに決して認められることはありません。
豊かさとは、財政的な意味合いだけでなく、心の豊かさをも意味します。

247

幸せっていうのは、
測れない。
基準もない。
その人の心のなかに
あるものだからね。
だから、一人、一人、
違うんだ。
結論が幸せならば、
それが勝ち。

248

心が豊かになると、人相も変わってくるんです。そうすると、起きる現象が変わります

人の幸せを願うようになると、心が豊かになる。
心が豊かになると、人相も変わってくるんです。
そうすると、起きる現象が変わります。
自分の心が貧しいのに、
豊かになりたいといってもできないんです。
人にいいことがあったときに、心から、
「よかったね」
といえる訓練が要るんです。

249
お金持ちにならなきゃ、幸せになれない、社長にならなきゃ、幸せになれないというのは、ウソですよ

徳を積んでくると、地位とか、身分とかに関係なく、幸せになれるんです。

会社の一番下で働いている人でも、社長より幸せな人はいっぱいいる。

お金持ちにならなきゃ、幸せになれない、社長にならなきゃ幸せになれないというのは、ウソですよ。

別にそんなもん、関係ないですよ。

だって私、社長になる前から幸せでしたから。

250

人間が生きる目的は、人に愛を与えるため。与えることをせず、奪ってばかりいるのは、マナー違反

人間は何度も生まれ変わります。
それは魂のステージを向上させるためです。
そして、人間が生きる目的は、
人に愛を与えるため。
その愛の形は、その人の立ち場によって異なります。
人に与えることをせず、
奪ってばかりいるのは、マナー違反です。
人間は人に何かを与えることを
義務づけられているのですから。

251

みんなのために与えていると、
その与えたものが
自分に返ってきます。
みんなのためにやっているけど、
実は自分のためでもあるんです。

人生は面白くて、楽しくなくてはいけない

252 私の楽しいことは、モノでもテクニックでもありません。考え方が楽しいんです

私の楽しいことは、モノでもテクニックでもありません。
考え方が楽しいんです。
考え方が楽しいから、何をやっても、どこに行っても楽しい。
面白いか、面白くないか、楽しいか、楽しくないかは、
個人の問題、考え方一つです。
よく世間では、仕事はつまらなくて、遊びは面白いというけど、
私はそうじゃありません。
面白くない考えを持っているから、仕事が面白くなくなる。
そういう人の頭の中が面白くないんです。

253
その場、その場に合わせられる自分であることは、幸せですよね

料亭にいくと、料亭でのマナーがあります。フレンチのお店には、そこにふさわしいマナーがある。それを外すと、お店の人がせっかく作っている雰囲気を台なしにしてしまいます。そこに居合わせたお客さんにも迷惑がかからないように、いつも気をつけなければね。

定食屋で定食を食べるなら、お店の人やお客さんに邪魔にならないように定食を味わい、食べ終わったらさっさと席を立つ。

待っている人たちを、あまり待たせないようにすることですね。

居酒屋で宴会するときは、だれかにお酌させたりしないで、みんなでワイワイやる。

カラオケに行ったら、楽しくマイク争奪戦をする。

その場、その場に合わせられる自分であることは、幸せですよね。

254

楽しいことばかり考えていると、どんなものにも魅力を感じるし、仕事も楽しくなる

楽しいってどこにでもあるんですよ。
たとえば、田舎の、田んぼの道端で、
農家のおばちゃんが自家製の梅干やお団子を売っていますよね。
そんなのを買って食べてわいわい騒ぐのって楽しいですよ。
もともとが楽しい人間でないとダメですけどね。
考え方が楽しくないとダメ。
楽しいことばかり考えていると、
どんなものにも魅力を感じるし、
仕事も楽しくなる。

255
私は、「人生は、遊行だ」と思っています。この世に遊びに来ているんだと

私は、「人生は、遊行だ」と思っています。
この世に遊びに来ているんだと。
だから、仕事も遊びです。
仕事は一生けん命やればやるほど、
人に喜ばれる楽しい楽しい遊びです。
人生すべてが遊びなんです。
遊びなんだから、面白くて、楽しくなくてはいけないと、
いつも考えているんです。
この遊行とは人生最大の修行かもしれません（笑）。

256

楽しい仲間といると、
人生が楽しくなりますよね。
旅はどこに行くかで
楽しくなるんじゃないんです。
だれと行くかで決まるんです！

257 厄年だろうが、八方ふさがりだろうが、目の前の現実を何とかしようとしている人がごまんといる

世の中、大変なことがたくさんあるなかで、幸せを見つけようとしている人がたくさんいます。財界にもいるし、政界にもいます。学校の先生にも、町工場で働いている人にも、近所のおじさん、おばさんのなかにもいます。

厄年だろうが、八方ふさがりだろうが、「そんなこと困ったことじゃありませんよ」って、目の前の現実を何とかしようとしている人がごまんといる。

私は、そういう人たちを見ると、

「この人たち、かっこいいな。みんなが参っているなかで、ひとり勝ちしているな。自分はまだ青いな」と思う。

その人たちに負けちゃいられないって。

258 心のひとり勝ちしている人とは、どんな状況に見舞われても、「自分は幸せだ」と思える人です

心のひとり勝ちしている人とは、どんな状況に見舞われても、「自分は幸せだ」と思える人です。

そう考えられる人こそ勝っているのであって、それ以上のものはありません。

私がそう考えているのであって、賛成してくれなくてもいいんですよ。

何を思うかは、その人の自由なのですから。

259
アジの開きを食べながら、「自分は今、すごい料理を食べているんだ。おいしいな。幸せだな」と思う感性を持てる人には愛がある

アジの開きを食べながら、「自分は今、すごい料理を食べているんだ。おいしいな。しあわせだな」と思う感性を持てる人には愛がある。

世の中には、簡単なものはないんです。

夜明け前に漁師さんが沖に出て、アジを獲って、それを干して、市場に出して、魚屋さんがそれを買って店に出して、家の人がそれを買って、焼いて……そうやってアジの開きは食卓に上る。決して、簡単なものを食べているんじゃないの。

この事実を事実として受け取れるかどうかです。

「うん、これすごい！」と思って食べたとき、心がすごく豊かになる。

それにしても、アジの開きは本当にウマイ。

人のことを「よかった」
と思えるのは、心が豊かだから

260 卑屈になってはいけません。威張るのもいけません

素直でさえあれば、
ほかの人からよいことを聞くたび、
全部自分の実力になっていきます。
でも、卑屈になってはいけません。
威張るのもいけません。
そうすれば、
きっと伸びますよ。

261
だれかに教えるときは、褒めることを基本にする。愛情が根っ子にあるんです

私がだれかに教えるときは、
昔から人を育てるコツだといわれていることを実践しています。
「やってみせ、いって聞かせて、させてみて、
褒めてやらねば人は動かじ」
つまり、褒めることを基本にすることです。
これは教わる人に対する
愛情が根っ子にあるんです。

262
ほかの人のことを、一緒になって「よかった」と思えるのは、心が豊かだから

ほかの人によいことがあったら、
心から「おめでとう」という。
それがいえないような貧しい心は、
貧しいことしか呼ばないよ。
ほかの人のよかったことを、
一緒になって「よかった」と思えるのは、
心が豊かだから。
みんな豊かな心になったら、
みんながハッピー。

263
その人の意見に賛成でなくても「あなたのいいたいことを理解しました」といおう

その人の意見に賛成でなくても
「あなたのいいたいことを理解しました」という。
そうすれば、人を頭ごなしに否定しないですみます。
相手にも話を聞いてもらえるようになり、
気持ちが通じ合えます。
職場に限らず、人間関係で一番大切なのは、
このように愛を持って人に接すること。

264

ほかの人の心は変えることができません。変えることができるのは、自分の心だけ

人間関係のトラブルが解決しない原因はね。
みんな、自分は変えたくないから。
自分は変わらずに、周りが変わればいいと思っているから。
ほかの人の心は変えることができません。
変えることができるのは、自分の心だけ。
それなのに、自分の心を変えようとしないで、
ほかの人に変わってほしいと思っても解決しない。
だから、自分がどう変われば解決するか考える。
自分の心を変えるだけ。

265

自分を変えて、
その人を受け入れられるようになれば、
そのぶんだけ
自分の器を大きくすることができます。
いろんな角度から
自分のことを
見つめなおせるようになります。

266

みんなちゃんと見抜いています

みんなちゃんと見抜いています。
人は感情で動く動物ですから、
人を傷つけていいことなんか一つもない。
敵をつくっちゃいけないんだ。
これが基本理念です。
たとえ、自分の意見に自信があっても、必ず、
「私の意見は変わっているんだけれども」
と、一言つけてから意見をいい始める。
これが生きていくのに大切なこと。

私はこの仕事をやるために
命をもらっているんだ

267
その人それぞれのみんな必要な修行。必要のないことは、起きないようになっている

人それぞれ個性が違うように、
その人に課せられた修行も違います。
私は私のやり方で修行するようになっているし、
それが必要なんです。
その人それぞれの修行があって、みんな必要なもの。
必要のないことは、起きないようになっているから。
また、人それぞれの才能があるから、それぞれ働く場所、
人さまのお役にたてる場所があります。

268 天職に出会うと、「私は、この仕事をやるために命をもらっているんだ」と感じるようになります

お勤めであっても、何かを目指しているのでもおなじですが、
本気でやっていると、「これはムリだな」とか、「これこそ自分のやりたいこと」
というのが、わかってきます。
つまり、その仕事に命をかけたとき、
それが自分にとって天職かどうかがわかります。
天職に出会うと、その仕事をつづけていくうちに、使命感が見えてきます。
「私は、この仕事をやるために命をもらっているんだ」と感じるようになります。
そして、自分の力量はどれくらいなのかも、自然にわかってきます。
それが天から授かった仕事、天命なんです。

269

自分の仕事に関係のあることを、勉強するのです。きっと、これからの時代にも生き残れるようになりますよ

出世する人間は、自分に必要なことに興味を持ちます。

逆に、出世しない人間は、自分に関係ないことに興味があります。

必要なことに興味を持って勉強すればいいけれど、
必要のないことに興味を持ってしまうから、なかなか出世できない。

自分の仕事に関係のあること、自分に必要なことに興味を持って勉強するのです。

きっと、これからの時代にも生き残れるようになりますよ。

自分の本業の勉強をしている人は、周りの人を喜ばせるために自分の時間を使います。

これが愛情のある人ですよね。

愛があればあるほど、楽しく、しあわせに生きられます。実力って、愛のことなんです。

270 やりたいこと、簡単そうなことから始めると、どんどん片づいてしまうから、仕事に勢いが出るんです

朝起きたら、一日のやることを書いて、そのリストを見ながら順番を決めていけばいい。

でも、やらなきゃいけないことを優先して順番を決めたらダメ。

自分のやりたいこと、簡単にできそうなことから先にやるんです。

やらなきゃいけないを優先すると、気持ちが重くなってしまい、
一日の最初からつまずいてしまう。

やりたいこと、簡単そうなことから始めると、どんどん片づいてしまうから、
仕事に勢いが出るんです。

その勢いがついたところで、難しいことをやれば、

「意外と簡単だったね」になります。

271

真似ることは楽しいことですよ。そうやっていると、自分がやりたいことが、出てくるようになってくるから

いいことはどんどん真似る。
真似をしたからといって、
自分の個性がなくなるわけではないよ。
だれにだって個性があるから、
どんなに真似てもおなじにはならない。
真似たって手本にした人より
自分が劣るということもないし、
もっと素晴らしいあなたができあがる。
だから、いいことはどんどん真似ればいい。

272 ふだん笑顔の少ない人は、自然に笑えない。だから、笑う練習は必要です

笑顔の練習をすることって大事ですね。
ふだん笑顔の少ない人は、笑顔をつくる筋肉が落ちていますから、
自然に笑えない。だから、笑う練習は必要です。
笑顔が美しければ美しいほど、感じのいい人になれます。
あなたが笑顔で挨拶すれば、相手の人は「この人はいい人ね」と思うでしょう。
笑顔があれば、人と気持ちよくつき合えます。
相手によって接し方を変えたりせずに、
だれに対しても、どんなときもいつもおなじ笑顔。
それが人間関係をよくする一番のコツ。

273

一生懸命に
プロとして仕事をしていれば、
仕事の指導霊が現れて、
あなたのむいているところに、
必ず連れていってくれますよ。

大丈夫、大丈夫

274 イヤなことがあっても、肯定的な言葉をクセになるまで、いいつづけること

だれかが新しいことに挑戦しようとすると、「どうせ、そんなのはダメに決まっている」とか、「前にもやった人がいたけど、結局失敗だった」などという人がいます。

こんなときには、「ついてる」とか、「いいことが山ほど起きる」とか、「大丈夫、大丈夫」とか肯定的な言葉を、何度も繰り返しましょう。

すると、自分の気持ちをもう一度盛り上げることができます。

口癖にしちゃえばいいのです。

舌打ちやため息は、気分を落ち込ませるだけ。

イヤなことがあっても、肯定的な言葉「ついてる」「いいことが山ほど起きる」「大丈夫、大丈夫」をクセになるまで、いいつづけること。

275

ついてる！
いいことが
山ほど起きる！
大丈夫、
大丈夫！

276

「私は幸せだ。人を愛そう」と口に出して訓練していると、そういうクセになってしまうから不思議

何でもかんでも、

「私は不幸だ」

という人もいるけど、それはただのクセ。不幸グセというクセなんです。

人間っていろいろなクセがあるけど、クセはちょっとだけ訓練すれば直ります。

「私は幸せだ。人を愛そう」

と口に出して訓練していると、そういうクセになってしまうから不思議。

こうやって、自分なりにやっていくと、
目の前の壁を乗り越える知恵がどんどん出てきます。

人生の景色は、考え方一つで変わるもの。

277 あれこれ悩んでみても、過ぎた時間は戻ってきません。だから、思い切って無から始めてみる

長い人生のなかには、「無」から始めたほうがいい場合が何度かあります。

たとえば、サラリーマンならば、左遷されることもあるでしょう。

思い悩むのが普通です。そんなときは、無から始めて、「今日、この会社に入ったんだ」と思えばいい。それまでの知識と経験を活用すれば、何とか乗り越えていけるものです。

あれこれ悩んでみても、過ぎた時間は戻ってきません。

だから、思い切って無から始めてみる。

これはただの気安めかもしれません。でも、気持ちを安らかにさせてあげるのです。

人間には、気安めも必要なときがあるのです。

そのことから、案外、道は開けてくるものです。

278

一度上に上がって加速した魂は、そこから落ちないのです。神さまは、あなたがなした行動に対して、ご褒美として上げてくれたのですから

この宇宙には際限がありません。
落ちる人はどこまでも落ちるし、
上に行く人はどこまでも、上に上にと昇っていきます。
その人のレベルに応じた修行を済ませた魂は、おなじ修行を二度もしないのです。
一度上に上がって加速した魂は、そこから落ちないのです。
なぜなら、神さまは、あなたがなした行動に対して、
ご褒美として上げてくれたのですから。
人間が作ったものは落ちることがありますが、
神さまが上げたものは落ちないのです。

苦労はやめにしようよ

279

苦労はやめにしましょう。苦労をやめたら、しあわせになれます。そのためには、考え方を変えることです

世の中には、避けられない苦労があります。
子どものときの苦労は、避けられない。
でも、大人になったら、苦労はやめることができますよ。
苦労はやめにしましょう。苦労の先には苦労しかないから。
苦労をやめたら、幸せになれます。
そのためには、考え方を変えることです。
世間でいわれている常識と、少しぐらい違っていいじゃないの。変わりましょう。
常識とか、みんながいうからとかは、関係ない。
それだけで、あなたはかなり変わります。

280 「きみは、すごいよ。大した人だよ」といってあげる。悩みも消えて、明るい笑顔になれば、みんな幸せ

悩んでいる人は、悩みから解放されたいけど、
悩んでいる問題に触れてもらいたくないもの。それが人の心理というものです。
悩んでいることに触れないで、
その悩んでいる人と何となく雑談するだけでいい。
すると何かの拍子に、かたくなだった心がフワァ～ッと開いて、
「不幸の壁」に小さな穴があく。ただ、雑談しているだけでね。
悩んでいたものがほぐれてきて、その人に気づきが訪れたそのとき、
「きみは、すごいよ。大した人だよ」といってあげる。
悩みも消えて、明るい笑顔になれば、みんな幸せ。

281

愛の言葉、思いやりのある言葉。これは聞いている相手も気持ちいい。それをいっている人も気持ちいい

ジャンケンには勝ち負けがある。
ところで、人生はとなると、
人生は両方が勝てる方法を考えればうまくいきます。
両方勝てる方法って、何ですかっていうと、
まず、考えられるのは、
愛の言葉、思いやりのある言葉。
これは聞いている相手も気持ちいい。
それをいっている人も気持ちいい。

282 人間には等しく、持って生まれた無限の可能性があるのに、押さえつけて、ダメだと思い込んでいるだけ

成功するかしないかは、先天的なものじゃないんです。後天的なものなんです。
人間には等しく、持って生まれた無限の可能性があるのに、
押さえつけて、ダメだと思い込んでいるだけ。
そのダメの壁に、一カ所、コンと穴を開ければいい。
どうやって開けるかというと、とりあえず大きな声を出せばいい。
赤ちゃんはみんな大きな声で泣いていますね。
その頃のことを思い出して、思いきり声を出す。
そうすれば、「赤心来福《せきしんらいふく》」。
赤ちゃんの心になったときに、福がやって来る。

283
明日になれば、また違った展開が出てくる。今、自分にできることを一生懸命するの

三年先のことは、三年先に考える。
シカがそこにいるのに、はるか先を撃ってみたって、シカには当たりません。
今いる場所の、今の獲物を捕らなくてはダメなんです。
また、すんでしまったことをいってもダメ。
昔はあそこにシカがいたといっても、今はいないんだからしょうがないでしょ。
今の一点に、どうやって集中するかに尽きます。
明日になれば、また違った展開が出てくる。
今、自分にできることを一生懸命するの。

284

過ぎてしまったことは、「いい経験したな」と思う。それしかないんです

よく、苦労話をいっぱいする人がいます。
こんな人は、苦労が足らないのです。
本当に苦労しちゃうと、口に出すのもイヤになる。
思い出すのもイヤなものです。
お酒を飲みながら、いつもいうのはたいした苦労じゃない。
思い出したくないのが苦労ですから。
で、本当に苦労がイヤになったとき、苦労という言葉じゃなくて、
「あのときはいい経験したなあ」になるんですよ。
過ぎてしまったことは、「いい経験したな」と思う。それしかないんです。

困ったことは起こらない

285

人の個性っていっぱいあるから、何に困るかはわからない。だけど、困ったときにちゃんと学べばいい

「困ったことは起こらないんだよ」といったら「そんなことはない！」と随分いわれました。

ほんとに困ったことって、そうは起きないんです。

ただし、たまに困っている人がいますね。

でも、その人は困っているのではなくて、

「学んでいる」のです。人間っていうのは、ほんとうに困らないと学ばないからね。

困ってから学んでも遅くはないのです。

人の個性っていっぱいあるから、何に困るかはわからない。

だけど、困ったときにちゃんと学べばいい。

学ぶものは人それぞれです。

286
ときが来れば、だれにいわれなくても勝手に学ぶんです

学ぶべきときが来ていない人に、
何をいっても聞いてくれません。

ときが来れば、
だれにいわれなくても勝手に学ぶんです。

相手の人のことを、

「あの人は、困ってる人だ」

と思うと、相手がかわいそうです。

「あ、この人は一生懸命に学んでいるんだな」

と見てあげてほしいですね。

287

人柄ってね、
だれが見ても
わかります。
この人は、
愛がある人か
どうかってね。

288

人生で苦労しているときは、人生の勉強をしているのだと思う。すべてが勉強なんです

人間、五、六回痛い目に遭うと、
おなじ手は食わなくなります。
暗闇でいつも何かにぶつかってると、
暗いところに行っただけで、
何かにぶつかるような気がしてくるもの。
そうすれば、暗闇には灯りをもって行くようになる。
だから、人生で苦労しているときは、
人生の勉強をしているのだと思う。
すべてが勉強なんです。

289

たとえ隣の人がブスッとしていても、人の機嫌をとらないで自分の機嫌をとるんです。自分だけニコニコしているんです

あなたはどこかで人の機嫌をとっていませんか？

隣に機嫌の悪い人がいたとき、

「どうしたの？　何があったの」

って、機嫌をとっちゃダメですよ。

あちらの都合で機嫌が悪くなっているのですから。

たとえ隣の人がブスッとしていても、人の機嫌をとらないで自分の機嫌をとるんです。自分だけニコニコしているんです。

機嫌を悪くするのは「悪」なんです。

正しく、楽しく、毎日を生きている人が「悪」に合わせてしまってはいけない。

290

常に機嫌のいい人が、この世をリードしていくんです。周りが機嫌のいいほうに合わせてくれますから

精神的な勉強が好きな人は、つい相手の機嫌をとってあげちゃうの。
機嫌が悪いのはね、嵐とおなじ。一過性なんです。
嵐がどんなに吹いても、日本が飛ばされたとか、月がなくなったとか、
そんなことはありません。
ほっておけばいいのです。
そして、自分がニコニコしているだけ。
常に機嫌のいい人が、この世をリードしていくんです。
機嫌よくしていれば、周りが機嫌のいいほうに合わせてくれますから。

291
戦争を起こす人や人殺しをする人に、機嫌のいい人はひとりもいない。みんなイライラしている

なまじ同情してね、ちょっと構ってあげようなんてことを、する必要はないです。
同情されたい人は、抱きぐせのついた子どもとおなじ。
だれかが構ってくれると、いつも思っている。
会社で社長の機嫌が悪かろうが、部長の機嫌が悪かろうが、
自分だけはニコニコしていてください。
それで自分の機嫌をとっていればいいのです。
戦争を起こす人や人殺しをする人に、
機嫌のいい人はひとりもいない。
罪を犯す人もみんなイライラしている。

292
神さまや仏さまは、サボっている人をちゃんとチェックしているんです

もっと出世するはずの人なのに、
いまいちの人がいっぱいいいます。
それは自分の能力を出し切っていないから。
全力を出し切ると損だと思っている人がいるかもしれないけど、
そうじゃなくてね。
一生懸命に能力を出し切るのです。
神さまや仏さまは、サボっている人をちゃんとチェックしているんです。
上から見ている人は、全力を尽くしている人と、
尽くしていない人がわかるんですよ。

293

知恵を出し切るために、頭でも、手でも、足でも、一生懸命に使えば、もっとよくなります

知恵を出し切っている人には、次から次へと知恵がもらえるようになります。
知恵を出し切るために、頭でも、手でも、足でも、
一生懸命に使えば、もっとよくなります。
頭は使わないと、ボーッとしてしまいます。
でも、自分から湧き出た知恵を、出し惜しみしてはいけません。
一人占めせずに教え合うのです。
おたがいにいいアイデアが出たら教え合う。
一〇人集まると、一〇人力になるから。
私のお弟子さんたちは、いつもそうやっています。

294

徳というのは、人の心が軽くなることです。人の心が明るくなることです

人間には必要なものが三つあります。

一つは、体に栄養。

二つ目は、頭に知識。

三つ目が、ハートに徳。

徳とは人徳のことです。このようなことができる人が、徳があるといいます。

徳というのは、人の心が軽くなることです。人の心が明るくなることです。

いつもニコニコしている人だと、その人がいるだけで、しあわせな気分になるでしょう？

だから、自分の顔がニコニコしていられるか、話をするたびに、人の気持ちを軽くしているか、それができたら、人徳がどんどんついてきます。

295

「あなたは大切な存在なんだ」ということを周囲の人に与えていると、人はどんどん魅力的になります

人は、自己重要感を与えてくれる人が大好きです。

自己重要感とは、「自分は大切な存在なんだ」という思いです。

これを周囲の人に与えていると、人はどんどん魅力的になります。

なぜなら、人はだれでも自己重要感を渇望しているから。渇望するほど、それを求めています。お金持ちになりたいとか、いい大学に入りたいというのはみな、自己重要感を満たしたいから。自己重要感がない人は、他人にそれを与えられない。

自己重要感があり余っているから、人にもあげようという気になれる。

だから、自ら自己重要感があり余る人間になる。

そして、人に自己重要感をどんどん与えていく。

296
明日、会社を休もうかなと思っても、思うだけで出勤するじゃない？　だから、思うぐらいはいいじゃない

仕事を休みたいと思うことがあるでしょ。仕事を辞めようかなって、思うことはだれでもあります。そうは思っても、思いとどまるじゃない？思いとどまるよね。思うけれど、大概の人はやらない。

そんなことを思ってはいけないという人もいるけれどね。

私たちはそれほど立派じゃないんだ。

明日、会社を休もうかなと思っても、思うだけで出勤するじゃない？

だから、思うぐらいはいいじゃない。

それでいいじゃないか。

褒めてあげましょう。

困難があったら、
知恵でよけながら前に進む

297 「隣人を愛せよ」というけれど、お互い波長が合わなかったら、それは会ってはいけないということ

「隣人を愛せよ」というけれど、お互い波長が合わなかったら、それは会ってはいけないということ。

世間は、やれ親戚だから、兄弟だから離れてはいけないというけれど、離れても親戚は親戚です。兄弟は兄弟です。

離れられない理由を先に考えるのはいけない。本当は離れられるんです。争いごとが一番よくない。争いごとをするのだったら、離れるほうがいい。

新幹線にまともにぶつかったら、死んでしまうから。

二、三メートルぐらい下がれば、風が吹くぐらいで済むでしょう？

ちょっと避ければ、風しかこない。

298 相手のイヤな点が、自分の欠点だと気づけば、心の幅がふっと広がります

人間同士には相性というものがあります。何かにつけてカンに触って、どうしても好きになれない人もいます。それでも何とか、つき合っていかなければならない場合もありますよね。相性の悪い人って、どんな人だと思います？　それがわかれば、何とかなりそうな気がしますね。ムシの好かない人は、自分の弱点とおなじものを持っている場合が多い。見たくないと思っている自分の欠点を、まざまざと見せつけられてしまう。それで許せない気持ちになってしまうんです。だから、相性の悪い人に腹を立てるのは、自分に腹を立てていることとなんですね。相手のイヤな点が、自分の欠点だと気づけば、心の幅がふっと広がります。「あの人だけじゃない。自分もおなじなんだ」と思えば、その人を愛せるようになります。かえっていい友だちになれたりもしますよ。

299
愛が大きくなるほど、自分の許容量も大きくなってきます

愛が大きくなるほど、自分の許容量も大きくなってきます。
だから、イヤな相手だったら、一度離れてみる。
イヤな思いをして心が乱れたままだと、
次の対策は考えられないし、愛も大きくならないから。
相手がイヤだったら、その人とおなじ空間や時間を放棄するだけでなく、
頭のなかからもその人のことを一切排除する。考えることもしない。
するといつの間にか、知らない間に愛が大きくなって、
その相手を許せる人間になっています。
そして、次はどんな心の修行をしようかと考える。

300
自分は大人だろうかといつも反省しながら、大人になるように一歩ずつ歩いていきたいですね

大人の目で見れば、大人としての社会的な地位もついてきます。日本では二〇歳になると大人といわれますが、ここでいう大人は、そういう意味ではありません。ちゃんと器が大きい人という意味の大人です。逆に、イヤなことが起きるとすぐに顔に出ちゃったりする人のことを小人《しょうじん》といいます。小人は、相手と自分しか見えません。大人は自分のことも、周りの人のことも見えている人です。ちゃんと大人の目で見ることのできる人は、相手も自分も気持ちよくなれる言葉を発します。周りを見ることもなく、自分だけの感情で、「おれは正しいんだ」といっているのは、体だけ大きくなった子どもです。大人の目で見るクセをつけていないと、外に出て恥をかきます。自分は大人だろうかといつも反省しながら、大人になるように一歩ずつ歩いていきたいですね。

301 人はみな、等しく個性を持って生まれていますから、どっか違っていていいんです

相手に期待しないことです。

本でも、最初から終わりまで読んで、そのなかで一個だけでも役に立つことがあれば、それはいい本なんです。

人が書いたものが全部納得いくなんてあり得ない。どっか納得いかなくて当たり前です。

人はみな、等しく個性を持って生まれていますから、どっか違っていていいんです。

302

戦争以外のことは、共存共栄です。殺しっこじゃなくて、「生かしっこ」なんです

戦争っていうのは、相手の弱みにつけ込んで、そこを攻めたてる。

相手の弱いところを見つけるのが、「殺しっこ」です。

でも、戦争以外のことは、共存共栄です。殺しっこじゃなくて、「生かしっこ」なんです。

たとえば、ライバル会社を見たとき、「あの会社はあそこが劣っている」

と悪いところを話す社長ならば、その会社は絶対に相手に勝てません。

「この部分では、ウチのほうが勝っている」

というのは、負け犬の遠ぼえで、もう負けです。

悪い部分を探すより、よいところをマネするだけ。

相手にはよいところがあるから、自分の会社に勝っているんです。

303 相手のいいことを学ぼうとすれば、相手の悪いところなど、どうでもよくなる

相手のいいことを学ぼうとすれば、相手の悪いところなど、どうでもよくなる。

「学ばなきゃいけない。相手のいいものは何だろう」

と考えたとき、悪いものには目がいきません。

人間の頭って、二つのことをいっぺんに考えられません。

アラを探しているときは、必ずよいところを見ていないんですよ。

真剣に相手のよいところを見つめ直したとき、
相手に対する敬意が出てきます。

「素晴らしいな。こんなことやっているんだ」

ということが見えてきます。

304

困難があったら、それにまともにぶつからないで、知恵でよけながら、前に進む

困難なことが目の前に出てきたら、
スイスイ避けて通るほうがいい。
私は争いごとが大嫌い。
だから、困難に出くわすたびに争わないで、知恵を出す。
困難があったら、それにまともにぶつからないで、
知恵でよけながら、前に進む。
逃げるのではありません。
困難は、避けるのです。
そのための知恵を十分に働かせるのです。

305

この地球は、違う考え方、生き方をしている人がいても、みんなが幸せに暮らせる場所だから

愛って、自分と違うだれかを
抹殺することじゃない。
この地球は、違う考え方、生き方をしている人がいても、
みんなが幸せに暮らせる場所だから。
ところが、自分が満たされていないと思うから、
愛が狭くなってしまうんですね。

306
私はお弟子さんたちと、人がぶつかり合わないで仲良く生きていこうよと、学んでいるんです

あっちでも、こっちでも人間関係がうまくいかない人は、生きていく上での法則が間違っています。だから、私はお弟子さんたちと、人がぶつかり合わないで仲良く生きていこうよと、法則、要するに、愛のある言葉、笑顔、身のこなしみたいなものを学んでいるんです。そういう目で周りを見ると、「あの人のこんなところが気になるから、注意してあげなきゃ」という人と、「もう少し様子を見てみよう」というのがあります。様子を見てからというのは、「気がついたのに注意したくない」というなまけ心です。相手はいってあげなければ、直りません。直らないのは本人が気づいていないからです。だから、周りの人が気づいたときには、教えてあげる。これは全然関係のない人にはやらないです。親しい人で、たがいに魂を向上し合おうという仲間同士のことを話しているのです。

307

自分でしっかりやって人を助ける。それでみんなが助けられる

どんなことであっても、自分の知っていることは素直に教えて、わからないことは知っている人から聞く。

それだけで人生はすごくラクなんです。

助け合いというのは、もたれ合いではないんです。

自分でしっかりやって人を助ける。それでみんなが助けられる。

人間は、もたれ合わなければならないほど、弱いものではありません。

教えたり、教えられたりすれば、何でもできるのが人間です。

だから、苦しいときは、人に聞いてください。

知らないことは、恥ずかしくないんです。

308 注意をうまく受け入れる力を磨かないと、絶対にうまくいかない

指導力という言葉はよく聞きますが、指導される側の力についてはあまりいわれません。でも、指導される側の力というのがあるのです。実は、指導される側の力がないために、ほとんどの人が困っているのです。「きみ、こうしたほうがいいよ」と、自分がいわなければいけない立ち場に立ったとき。そのときブスッとしている人に、ちゃんといえますか。いいづらいでしょう？　お説教しづらいでしょう？　逆に、「気がつかないことを教えてくれてありがとうございます。これから気をつけます」という人がいたら、指導する側の心が軽くなるから、すごく助かります。あなたが社長だったら、いいやすいほうを出世させますよね。もちろん、指導力は大切ですが。忘れられているのは、指導される側の力なのです。注意をうまく受け入れる力を磨かないと、絶対にうまくいかないのです。

あなたは神の愛と光で
できているのだから

309
個性はその人の魅力の核なのです。その個性が輝ける場所で生きること、それが幸せなんです

人にはそれぞれ個性があります。
その個性にいいとか、悪いとかはありません。
個性はその人の魅力の核なのです。
その個性が輝ける場所で生きること、
それが幸せなんです。
私は他人を変えるなんてことはしません。
ただ、ひとり、ひとりの魅力が活きる場所を
提供しようといつも考えています。

310 〈悪口、グチ、泣き言、文句、不平不満〉の五つの戒めをできるだけ少なくすること

魂の波動の高い人は、豊かな心でいられる時間の長い人です。

豊かな心の時間が長ければ、楽しいと感じている時間も長いはず。

反対に、魂の波動の低い人は、貧しい心の人。

貧しい心でいる時間が長いので、怒ったり、憎んだり、悲しんでいたりする時間もまた長くなります。

心を豊かにするためには、「お釈迦さまの五戒」に気をつければいい。

これらをできるだけやらないようにすれば、あの人は本当にいい人だと、だれもかれもから愛されるようになります。

その五つの戒め〈悪口、グチ、泣き言、文句、不平不満〉をできるだけ少なくすること。

311 ダルマさんって、すぐ起き上がるでしょう？ そのダルマさんになればいいんですね

因果というのは、オレンジをしぼったら、オレンジジュースになったというあたりまえのこと。

原因と結果ということですね。原因がなくて、結果が出るわけがないですから。

悪い行いをして出てくる結果を「カルマ」といいます。

みんなにいいことをして、出てくる結果のことを「ダルマ」といいます。

ダルマさんって、すぐ起き上がるでしょう？

そのダルマさんになればいいんですね。

何回倒れても、ダルマさんのように、コロッ、コロッと起き上がるんです。

それで、人を傷つけることをやめて、いいことをしようよ、という話をしているだけ。

312

いくら祈っても、足りないものは足りないんです。足りないものは、入れるしかないのです。精神は精神。現実は現実です

何にもないところに、ちょっと種を蒔いたらお米が出てくる。これが偉大なんです。

こんなことに感心しないで、オカルトみたいなことにばっかり感心して、「それが精神世界だ」っていう人がいるけどね。「何でも祈ればよくなる」って、違います。

たとえば、病気になるのは、カルシウムが足りないとか、栄養が足りない場合もある。

いくら祈っても、足りないものは足りないんです。祈るのがいけないといっているんじゃないの。足りないものは、入れるしかないのです。

だから、精神は精神。現実は現実。そこらへんを見きわめていかないとね。

私も精神世界は大好きだけど、精神世界が、まれに誤解されるのは「おかしなことに感心しすぎる」から。

313
悟らなくてもいいから、笑顔で過ごしましょう。悟らなくてもいいから、愛情ある言葉をかけましょう

世間では、やれ悟りだって、いろんなことをいう人がいるけれど、
結局、笑顔でいるとか、目の前の人に愛情のある言葉をかけるとか、
そういうことが大切だってわかるだけなんです。
悟らなくてもいいから、笑顔で過ごしましょう。
悟らなくてもいいから、愛情ある言葉をかけましょう。
そして、絶対、自分は機嫌よくしていましょう。
結局、それが悟りなんですよね（笑）。

314

私たちは、神さまの愛と光でできているのだから。だれにでも愛はあるの。気づいていないだけ

自分には愛がないという人もいるけれど、それは違います。私たちは、神さまの愛と光でできているのだから。だれにでも愛はあるの。ただ、そのことに気づいていないだけ。マザー・テレサは、インドで助からないとわかっている人たちを、一生懸命に看病しました。そんなことしてもムダだという人もいたけれど。でも、彼女はそれをムダだと考えなかったのです。不運にも恵まれないで路上に倒れた人たちであっても、死ぬ前にありったけの愛情を注いであげると、「ああ、生まれてきてよかった」と思う。マザー・テレサってすごいよね。私たちは普通、マザー・テレサのように死に直面した人たちを相手にはしていません。だったら、今、目の前にいる人に愛をいっぱい出していこうよ。

315

あなたが愛や光を大切にすれば、あなたが愛や光に包まれます

この人に愛を与えようという気になれば、いろいろな知恵が出てきます。
それをやるだけです。テクニックではなくて、結局、考え方、愛です。
自分自身が、神さまの愛と光でできていることを知らない人は、
それがなかなかできないんですね。
何をやっても、この人に愛を与えるんだ、光を与えるんだという気持ちがないとダメ。
あなたが愛や光を大切にすれば、あなたが愛や光に包まれます。
あなたが大切にしたものが残るんです。
大丈夫。あなたならきっとできる。
あなたは、神さまの愛と光でできているのだから。

おわりに

最後まで読んで下さってありがとうございます。

少しは、心が軽くなってくれましたか。

何か、気持ちが、ホワッとしたような場所はありましたか。

長い人生の中で、ころびそうになったり、つまずきそうになった時、お役に立てそうなことが書いてありましたか。

あなたの人生をささえてくれている人が、何人もいると思います。

私にも、私の人生をささえてくれている人が、たくさんいます。

いろいろな人に守られながら、今日一日を生き、そして、この本を、完成することができました。

この本の最大の功労者である読者のあなたに、
すべてのよきことが、雪崩のごとく起きます。

斎藤一人

ポケット版
斎藤一人　あなたが変わる315の言葉

著　者　　斎藤　一人
発行者　　真船美保子
発行所　　KK ロングセラーズ
東京都新宿区高田馬場 4-4-18　〒 169-0075
電話（03）5937-6803（代）　振替　00120-7-145737
http://www.kklong.co.jp
印刷・製本　　大日本印刷（株）

落丁・乱丁はお取り替えいたします。
※定価と発行日はカバーに表示してあります。

ISBN978-4-8454-5030-5　C0230　Printed In Japan 2017